長沙市文物考古研究所
中國文物研究所
北京大學歷史學系
走馬樓簡牘整理組 編著

長沙走馬樓三國吳簡

竹簡〔壹〕

（上）

文物出版社

書名題簽　啓功
攝影　劉小放　孫之常　楊樹森
封面設計　張希廣
責任編輯　蔡敏
責任印製　張道奇

圖書在版編目(CIP)數據

長沙走馬樓三國吴簡·竹簡.第1卷/走馬樓簡牘整理組編著.—北京:文物出版社,2003.10
ISBN 7-5010-1378-0

Ⅰ.長…　Ⅱ.走…　Ⅲ.竹簡-匯編-長沙市-三國時代　Ⅳ.K877.5

中國版本圖書館 CIP 數據核字(2002)第066935號

長沙走馬楼三國吴简
竹簡〔壹〕(上、中、下)

編著者　長沙市文物考古研究所　中國文物研究所　北京大學歷史學系　走馬樓簡牘整理組
出版發行者　文物出版社
北京五四大街二十九號
http://www.wenwu.com
E-mail:web@wenwu.com
印刷者　北京美通印刷有限公司
經銷者　新華書店
二〇〇三年十月第一版第一次印刷
定價：二八〇〇元

787×1092　1/8　印張:151.5
ISBN 7-5010-1378-0/K·625

長沙走馬樓三國吳簡保護整理領導小組

組　長　張文彬

副組長　文選德　梅克葆　唐之享

成　員（按姓氏筆劃排序，下同）

田餘慶　吳加安　金則恭　胡繼高　侯菊坤　張　柏　譚仲池

長沙走馬樓三國吳簡總體方案制訂組

顧　問　何茲全　宿　白　田餘慶　胡繼高

組　長　譚仲池

副組長　歐代明　謝建輝　李曉東　孟憲民　謝辟庸　盛永華　易肇沅

成　員　宋少華　宋新潮　何介鈞　趙一東　熊傳薪

辦公室　主　任　何　强

副主任　闕　强

長沙走馬樓三國吳簡整理組

組　長　田餘慶

副組長　宋少華　王　素

成　員　吳榮曾　李均明　李鄂權　汪力工　周自如

胡平生　楊　慧　劉紹剛　羅　新

長沙走馬樓三國吳簡保護組

組　長　胡繼高

成　員　李　丹　金　平　胡冬成　張竹青　畢　燦　趙桂芳　蕭　静

蕭静華

一九九七年至一九九八年期間，曾任長沙走馬樓三國吳簡保護整理領導小組的有副組長秦光榮、成員袁漢坤。一九九八年年至二〇〇二年期間，曾任長沙走馬樓三國吳簡保護整理領導小組的有副組長陽寶華、成員杜遠明，曾任長沙走馬樓三國吳簡總體方案製訂組的有組長杜遠明、副組長鍾興祥、鄭佳明、楊源明。

本卷編者　王　素　羅　新

「十五」國家重點圖書出版規劃項目

本書出版得到全國古籍整理出版規劃領導小組資助

目録

前言

長沙走馬樓二十二號井出土三國吴簡，大致分為木簡、木牘、竹簡三類，其中竹簡數量最多，估計超過十萬枚。這批竹簡原裝六十五盆，其中三十九盆，均係施工擾亂後從十里以外傾卸的建築廢土堆中搶救撿回，原來的叠放順序已遭破壞，盆號據再清理的時間先後編定，故每盆的内容會有一定聯繫，而盆與盆之間則無必然關聯。怎樣儘快將這批雖然散亂、但極有價值的竹簡整理出版，是整理組目前最為重要的工作。

本書作為《長沙走馬樓三國吴簡·竹簡》的第一卷，整理工作早在一九九八年就已開始。是年五月，中國文物研究所的王素、北京大學歷史學系的羅新，先後來到長沙，與長沙市文物考古研究所的宋少華合作，進行釋文工作。在長沙市文物考古研究所的汪力工、楊慧、周自如、蕭静華、張竹青及技工胡冬成等全力協助、配合下，這項工作於一九九九年五月結束。其間斷斷續續，歷時將近半年。

二〇〇一年初，隨着經費到位，拍照工作終於開始。是年三月後，中國文物研究所的王素、劉紹剛及攝影師楊樹森，北京大學歷史學系的羅新，文物出版社的蔡敏及攝影師孫之常、劉小放，先後來到長沙，與長沙市文物考古研究所合作，進行拍照工作。該所宋少華、汪力工、蕭静華、楊慧、周自如、張竹青及技工胡冬成、畢燦、李丹、蕭静等參加了拍照工作。為了能够保證質量，加快進度，宋少華主持制定了周密、細緻的拍照方案。其間，田餘慶先生還曾由王素陪同，親赴長沙，檢查工作。在各方的努力下，這項工作於五月中旬提前結束。

同年十一月，文物出版社將原大照片全部洗印完畢。十二月，根據原大照片校訂定稿並撰寫注釋的工作正式開始。這項工作由王素主持，羅新參加。但由於竹簡殘損嚴重，字迹多不清晰，工作進展緩慢。二〇〇二年五月下旬，這項工作暫時告一段落。隨後，羅新、蔡敏、孫之常再赴長沙，補拍照片和增拍彩版。六至七月，在宋少華的主持下，楊慧、談雪慧、蕭静華、胡冬成、畢燦、蕭静、儲兆紅等先後來京，按照出版社的要求，完成了版式的剪貼工作。同時，在羅新的主持下，北京大學歷史學系的劉聰，完成了人名、地名、紀年等索引的編製工作。宋少華、蕭静華完成了成卷户籍簡的揭剥位置示意圖的繪製工作。

二〇〇三年四月，文物出版社退改二校樣，宋少華、楊慧、李丹、蕭静等先後來京，進行圖版、釋文的校對工作。不久，由於「非典」的原因，他們又將這項工作移到長沙繼續進行。後來，畢燦也參加了這項工作。同時，劉聰也往返於北京大學和中國文物研究所，進行三種索引的校對工作。這項工作於七月中旬完成。

此前，二〇〇二年二月和六月，在田餘慶、吴榮曾二先生的主持下，整理組同仁還曾就本書的定名及前言、凡例等問題，進行過多次討論。此外，本書在整理過程中，還曾得到國家文物局的各級領導，中國文物研究所的吴加安所長、盛永華副所長，湖南省文物局的謝辟庸局長，長沙市文化局的趙一東副局長，以及文物出版社的大力支持。文物出版社的蔡敏為本書的出版竭盡心力。在此，謹向所有關心、支持本書工作的同行、朋友，表示衷心的感謝！

本書的整理、出版工作，雖然進行了將近五年，但由於種種原因，實際用於釋文、校訂、注釋，只有短短一年時間。因此，疏漏和錯誤勢必難免。希望得到專家、學者的批評、指正。

編　者

二〇〇三年八月

凡　例

一　本書收録的是長沙走馬樓二十二號井出土三國孫吳竹簡。整理按盆號依次進行。本書收録竹簡十四盆、編為一〇五四五號。具體為：第一盆一至七六一號，第二盆七六二至九六四號，第三盆九六五至一一二〇號，第四盆一一二一至一三七六號，第五盆一三七七至一七一六號，第六盆一七一七至二五〇三號，第七盆二五〇四至二六六七號，第八盆二六六八至二八五二號，第九盆二八五三至四〇九二號、七一三六至七二三五號，第十盆四〇九三至四三三四號、七二三六至七二七五號，第十一盆四三三五至五一三五號，第十二盆五一三六至七一三五號，第十三盆七二七六至八八九〇號，第十四盆八八九一至一〇五四五號。其中，兩面有字的簡，竹黄為正，竹青為背；拍照時一簡拆為二簡，權宜處理，前者為甲，後者為乙。一〇〇四〇號後為成卷户籍簡，凡二卷，另附竹簡揭剥位置示意圖。

二　本書主要分圖版、釋文二部分。圖版係完成釋文後補攝，基本按整理順序編排（每頁起始號銜接，其中長短稍有搭配）。釋文則是先根據紅外綫儀器閲讀原簡做出，然後根據原大照片校訂定稿，完全按整理順序編排。但由於這十四盆竹簡均係零散採集，殘損嚴重，很多在紅外綫儀器上能够看出的字，在原大照片上看不出來。此外，由於工作需要，進行搬動，有些原來能够看清楚的字也頗有磨損，極少數竹簡的上部或下部甚至殘斷，導致後攝圖版與原做釋文不能對照。如一四七二、一七〇四、三〇六一、四四四一、四七〇八、四七三六、六〇八三、六八九〇、七八二八、七八六六、八二八三、八三三三等號簡，由於上部或下部後來殘斷，釋文中的一些字在圖版中已無法找到。凡遇如此情況，應以釋文為準。

三　釋文按通例：缺字用□表示，缺文用……表示，殘斷用▨表示，補字外加□，疑字下括（？）號。「同」字文形制繁簡不一，統一用⿱三乂表示。此外，竹簡書寫原有一定格式。譬如：户口簿籍等簡，户主一般均頂格書寫，其他成員均退若干格書寫；收支錢糧賦税等簡，首字為「入」、「出」者均頂格書寫，首字為「其」、「右」者均退若干格書寫。簡下常見的「貲若干」、「居在某丘」等注文，則不僅與正文保持一定距離，字與字間還保持一定間隔。釋文儘量尊重原格式，但不論原空多少格，釋文都只空一格。不是齊字殘斷，殘斷符號☑與字亦空一格。因回避編繩、竹節等造成的空格，以及為計數、簽署等預留而未寫滿的空格，釋文則不空。

四　竹簡中的古字和俗別、異體等字，釋文一般均改為通行繁體字。如「凬」改為「風」，「悳」改為「德」，「罸」改為「剛」，「閞」改為「關」，「監」改為「監」，等等。有規律的俗別等字，處理採取統一原則。如竹簡「开」均作「并」，「票」均作「⿱覀⿰示寸」，「兆」均作「心」，釋文「荆」、「開」統一改為「刑」、「開」，「⿰氵⿱覀⿰示寸」、「⿰木⿱覀⿰示寸」統一改為「漂」、「標」，「杺」、「⿰目心」統一改為「桃」、「眺」。惟竹簡「叟」均作「更」，而「更」均寫作「叓」，字形變化較大，釋文僅將「⿰氵叓」、「⿰女叓」、「⿰魚叓」、「⿰木叓」統一改為「浭」、「㛐」、「鯁」、「梗」，而不統一改為「溲」、「嫂」、「鮍」、「艘」。竹簡「聟」，釋文照録，不改為「婿」，原則相同。此外，竹簡中的簡體字，釋文一般均照録。如「麦」、「盖」、「仙」、「针」、「丰」等，釋文均照録。僅地名、人名才用的簡體字，如「断所丘」的「断」，「奋丘」的「奋」，「复丘」、「周复」的「复」，釋文也均照録。不規則的簡體字，釋文則改為通行繁體字，如「庄」、「礼」改為「莊」、「禮」。

五　注釋主要限於竹簡及釋文本身，大致包括朱筆、墨筆點記、衍脱疑誤、俗別異體、紀年干支等。此外，為了既保存綫索，又方便製版，凡字殘一半，注明另一半。簽署酌情加注。但徵繳錢、布、皮的「烝弁」，關邸閣的「李嵩」、「郭據」、「董基」，庫吏「殷連」、「潘珛（有、侑）」，倉吏「監賢」、「谷漢」、「黃諱」、「潘（番）慮」，以及關主記「梅（栂）綜」、關丞「睾紀」、關掾「孫儀」等，出現頻繁，其名多為簽署，不一一注明。

六　本書後附人名、地名、紀年等索引，分別另有凡例，此處不贅。

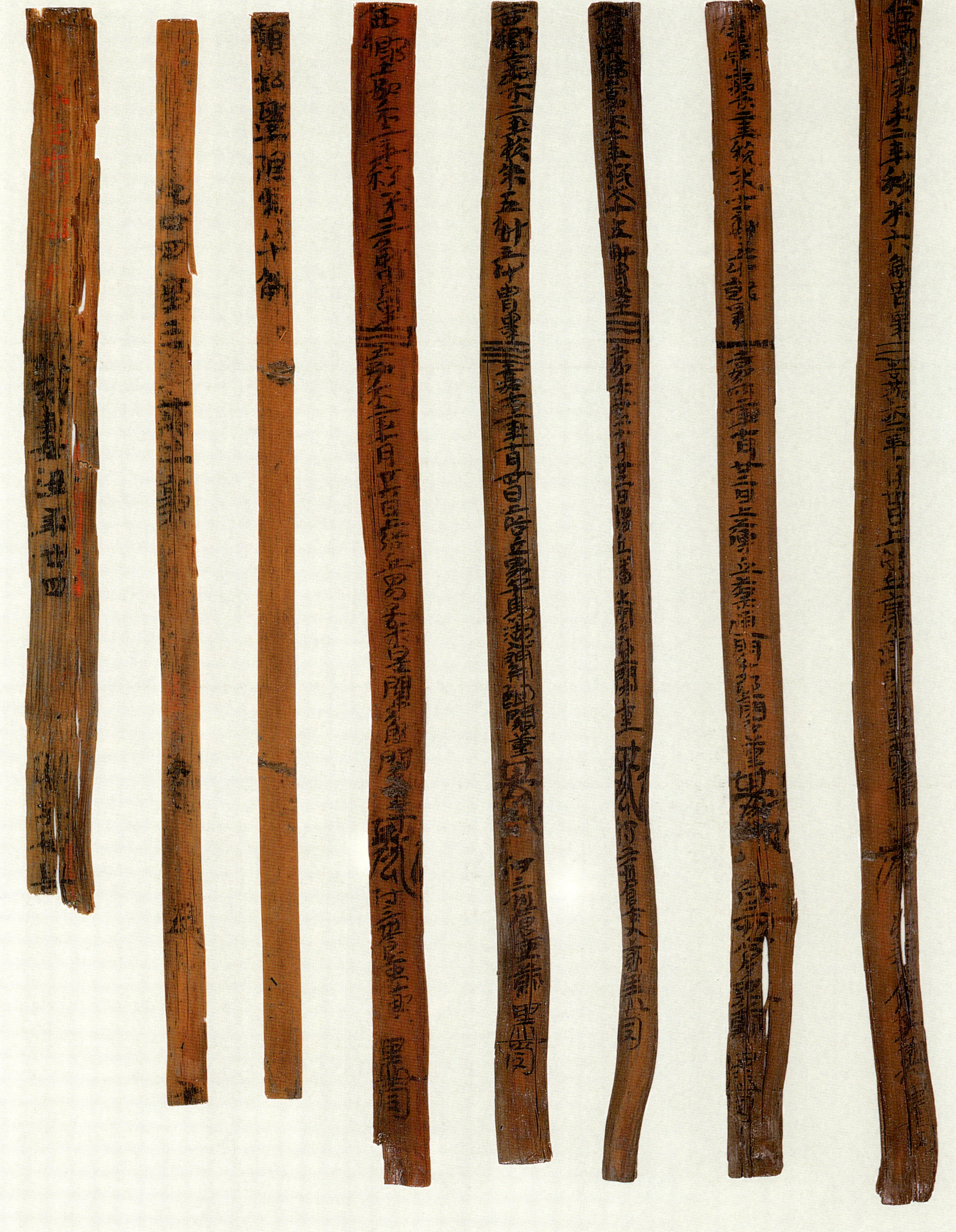

圖版

（一——五七七六）

一 二 三 四 五 六 七 八

九 一〇 一一 一二 一三 一四 一五 一六

一七

一八

一九　二五

二〇

二一　二二

二三　二四

二六

二七

二八

二九

三〇

三一

三四

三二

三三

三五

三六

三七

三八

三九

四〇

四一

四二

四三

四四

四五

四六

四七

四八 四九

五〇

五一

五二 五三

五四

五五 五六

五七　六二
五八
五九
六〇
六一
六三　六四
六五　六六
六七　六八

六九

七〇　七七　七一

七二　七三　七四

七五　七六　八四

七八　八二　七九

八〇　八一

八三　八五

八六　八七

八八　九二　一〇一

九七　一〇二　八九

九〇　九一

九三　九四

九五　九九

九六　一〇〇

九八　一〇三

一〇四　一〇五

一〇六 一〇九

一一〇 一〇八

一〇七 一一一

一一二

一一三 一一四

一一五 一一八

一一七 一一六

一一九 一二〇

一二一　一二二

一二三　一二四　一二九

一二五　一二六

一二七　一二八　一三〇

一三一　一三二

一三三　一三四　一三六

一三五

一三七　一三八

一三九　一四九　一四〇

一四一　一四二　一四三

一四四　一四八　一四五

一四六　一四七　一五五

一五一　一五八　一五〇

一五四　一五七　一五三

一五六　一五二　一五九

一六〇　一六一　一六二　一六三

一六四　一六五　一六六　一六九　一六七

一七〇正　一六八

一七〇背

一七一正

一七一背

一七二正

一七二背

一七三正

一七三背

一七四

一七五

一七六

一七七正

一七七背

一七八

一七九
一八〇
一八一　一八三
一八二　一八六
一八八
一八四
一八七
一八五　一八九

一九〇

一九一

一九二

一九三

一九四

一九五

一九六

一九七

一九八　二〇四
一九九　二〇五
二〇〇　二〇七
二〇二　二〇六
二〇一　二〇三
二〇八　二一〇　二〇九
二一一　二一三　二一二
二一四　二一五　二一六

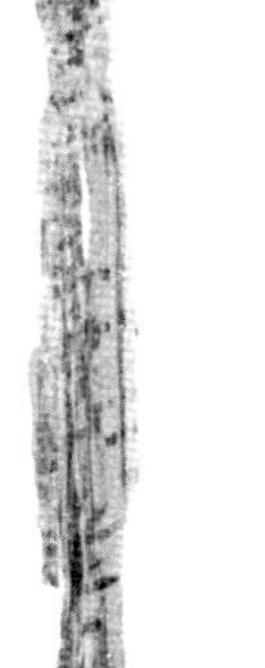

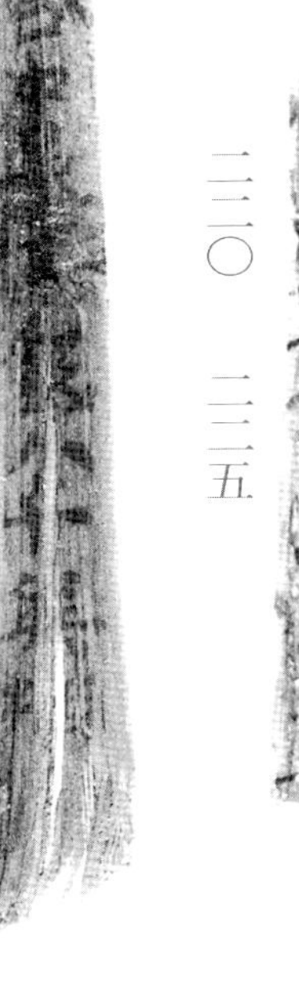

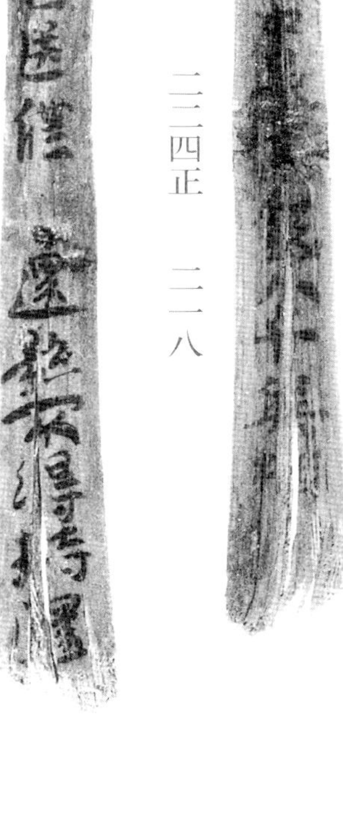

二一七　二二三

二一九　二二六

二二二　二二一

二二〇　二二五

二二四正　二一八

二二四背　二二七

二二八　二二九

二三〇

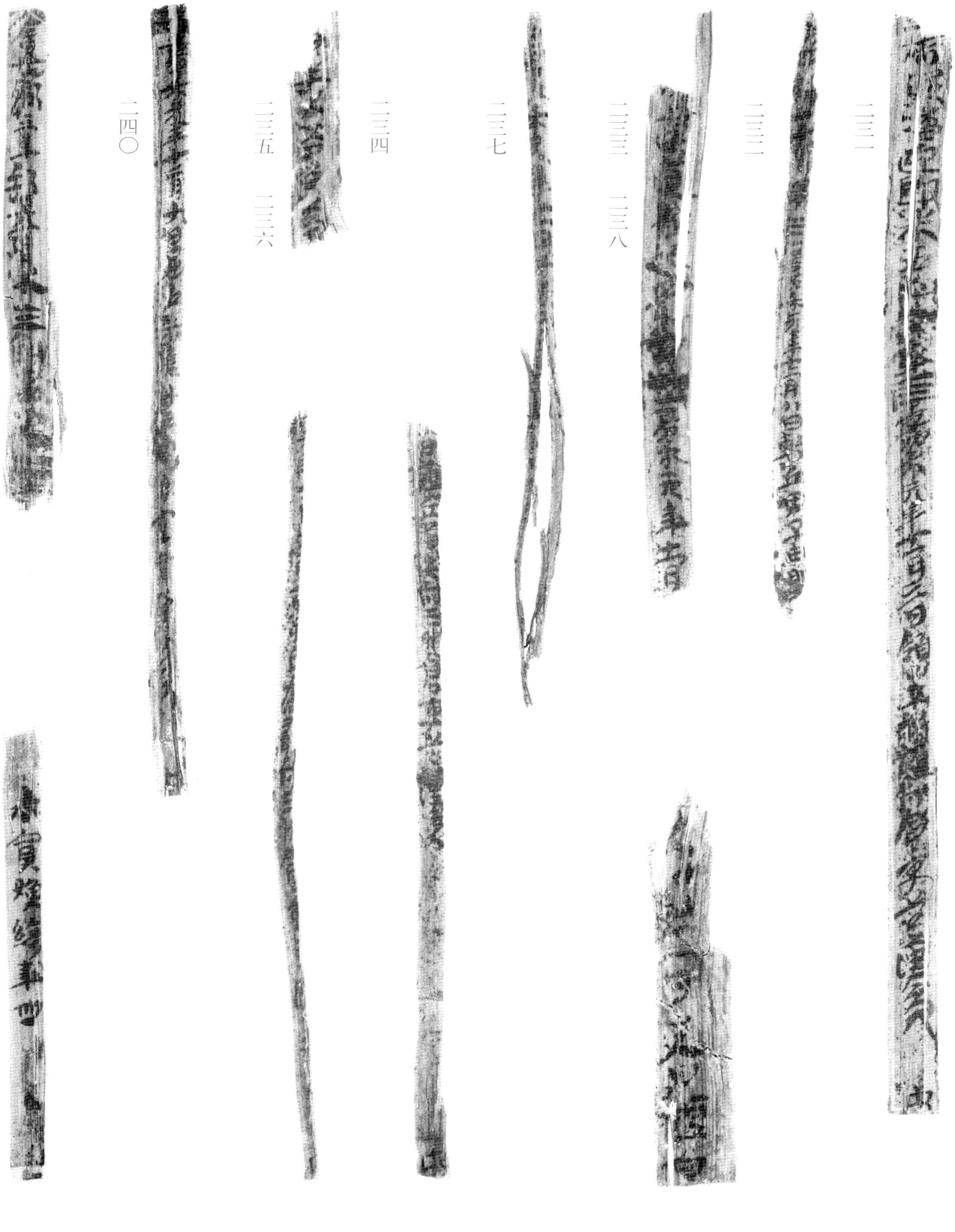

二三一

二三二

二三三　二三八

二三七

二三四

二三五　二三六

二四〇

二三九　二四一

二四二
二四三
二四四　二四五
二四六　二五三
二四八　二五一
二五〇　二四九
二五二　二四七
二五四　二五五

二五六 二六八

二五八 二六七 二六一

二六〇 二七六 二五九

二五七 二六二 二六三

二六五 二六六 二六四

二六九 二七〇 二七一

二七七 二七三 二七五

二七四 二七二 二七八

二七九　二八〇　二八一

二八二　二九一正

二八四　二八九　二九一背

二九八　二八八　二九四

二九〇正　二八三　二八五　二九六

二九〇背　二九二　二九七　三〇二

二九五　二九三　二八七　三〇一

二九九　三〇〇　二八六　三〇三

三〇四　三一四　三二五

三〇六　三一〇　三〇七　三一六

三二四　三一一　三一八

三一二　三二一　三〇五

三一五　三一九　三〇九　三二〇

三一七　三二三　三二二

三二六　三〇八　三二七

三一三　三二八

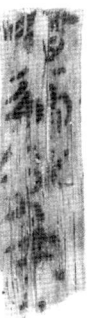

三一九　三四四

三三〇正　三四〇　三三七

三三〇背　三三三　三四八

三三五　三四九　三三八　三三九

三三一　三四二　三四六

三四一　三四五　三三二

三四三　三五〇　三三四

三四七　三三六　三五一

三五二　三七一

三五四正　三五九　三五八　三五六正

三五四背　三六八　三五七　三五六背

三六一　三五五　三七〇

三六三　三六五　三六六　三七二

三六九　三六二

三六四　三六七　三五三　三六〇

三七三　三七四

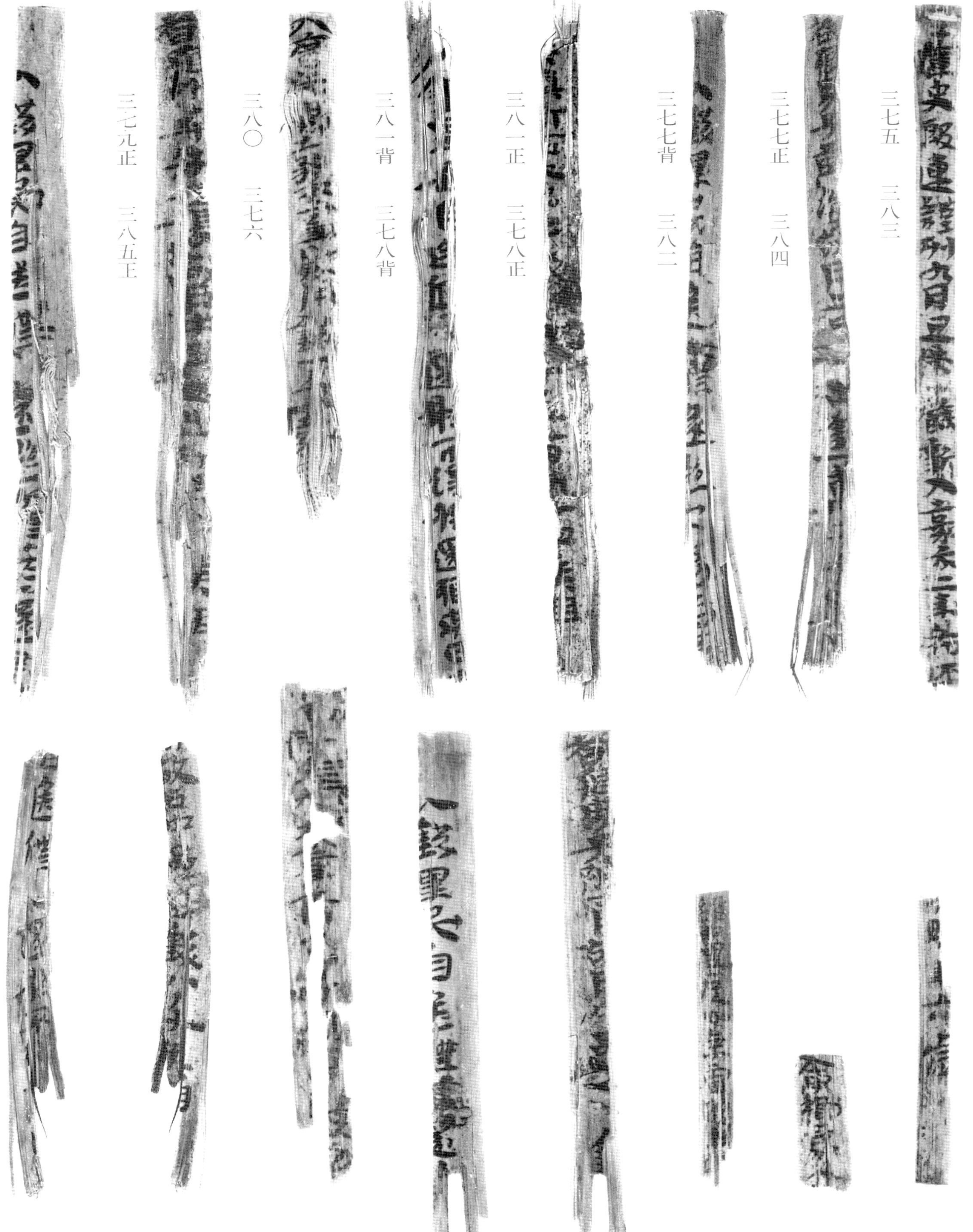

三七五　三八三

三七七正　三八四

三七七背　三八二

三八一正　三七八正

三八一背　三七八背

三八〇　三七六

三七九正　三八五正

三七九背　三八五背

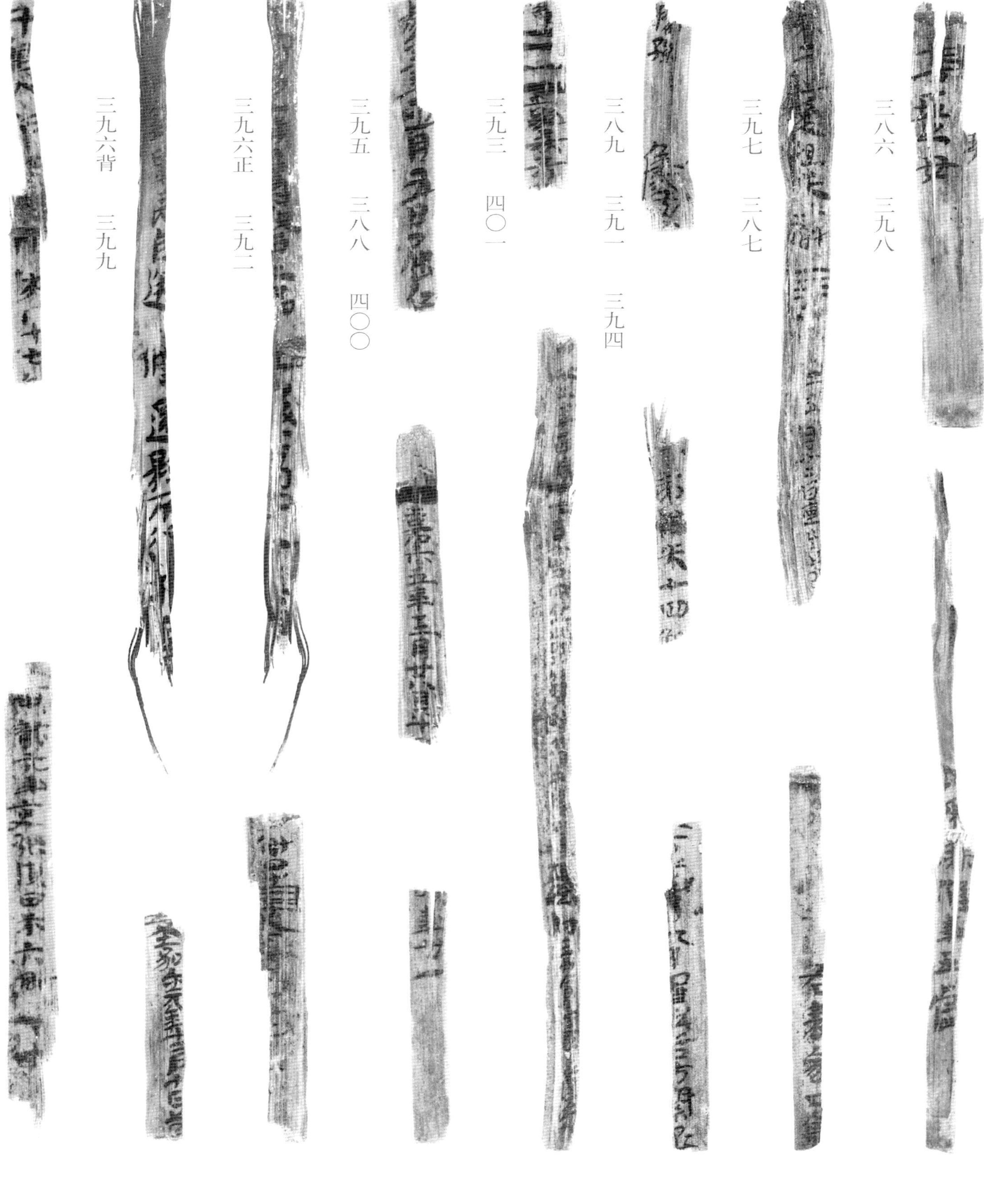

三八六　三九八

三九七　三八七

三八九　三九一　三九四

三九三　四〇一

三九五　三八八　四〇〇

三九六正　三九二

三九六背　三九九

三九〇　四〇二

四〇三　四〇八

四〇六　四一二

四一〇　四〇四

四〇七　四一五　四一四

四一一　四一六

四一三正　四一七正

四一三背　四一七背

四〇九　四〇五　四一八

四一九　四二六

四二〇正　四二九

四二〇背　四二八

四二一　四二五

四二三　四三一

四二四　四二二

四三〇正　四二七

四三〇背　四三二

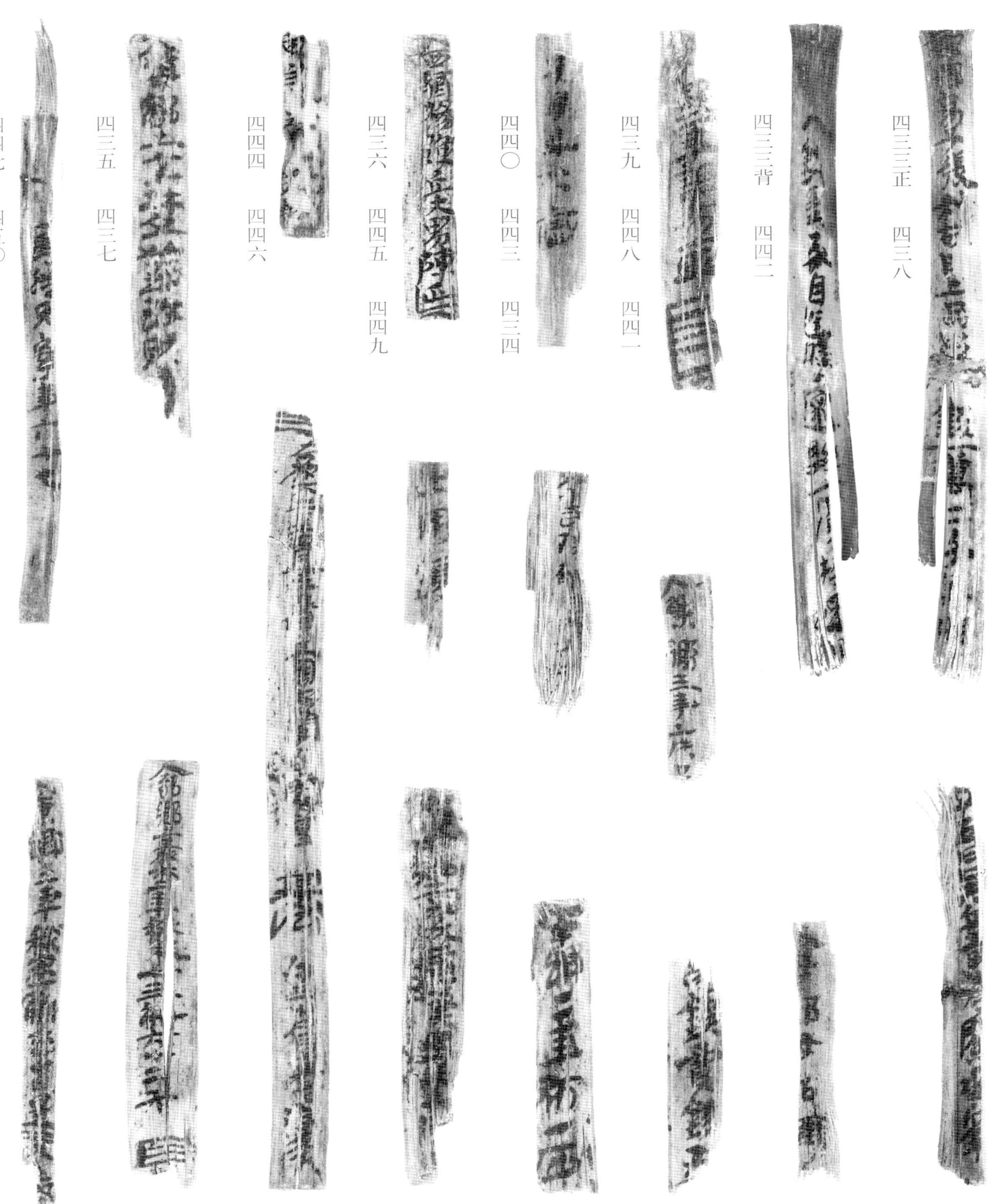

四三三正　四三八
四三三背　四四二
四三九　四四八　四四一
四四〇　四四三　四三四
四三六　四四五　四四九
四四四　四四六
四三五　四三七
四四七　四五〇

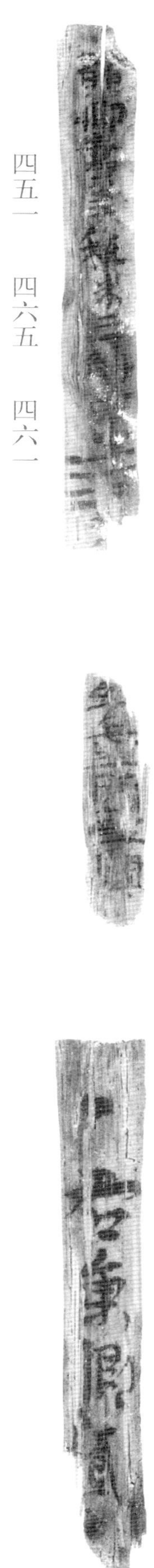
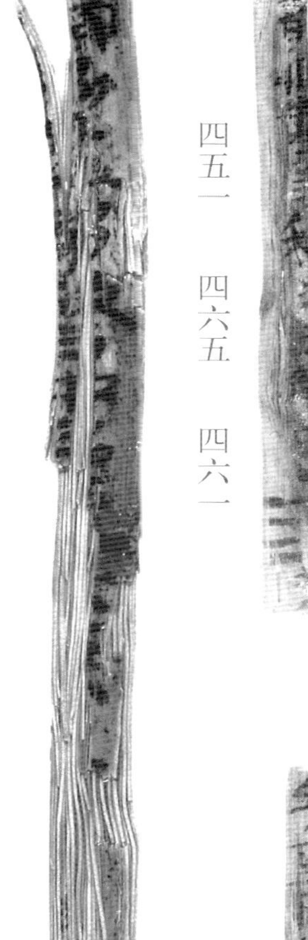
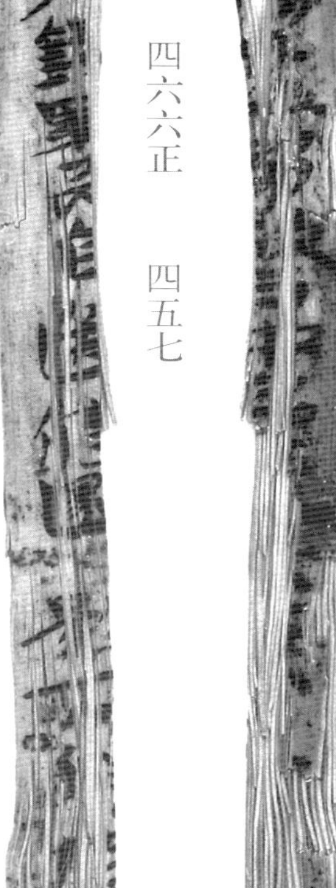
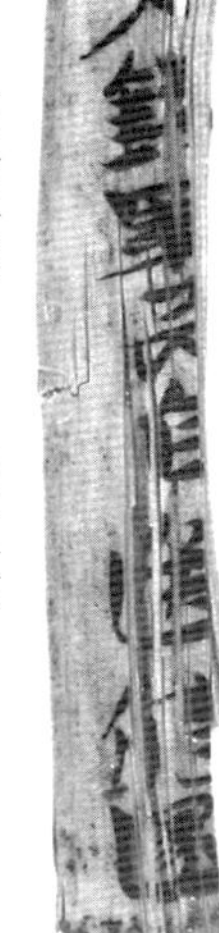
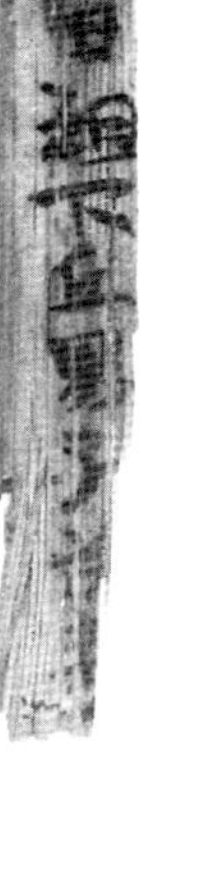

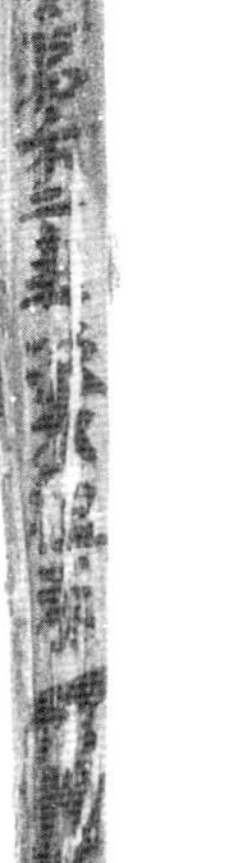

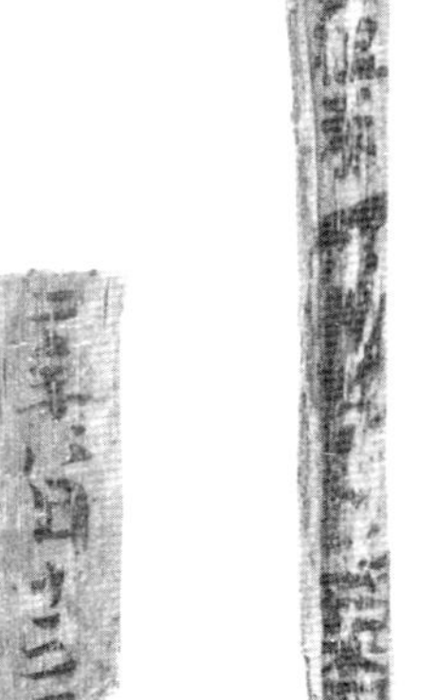

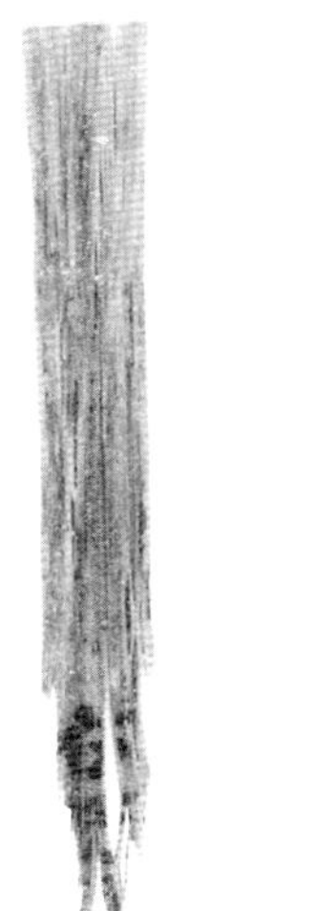
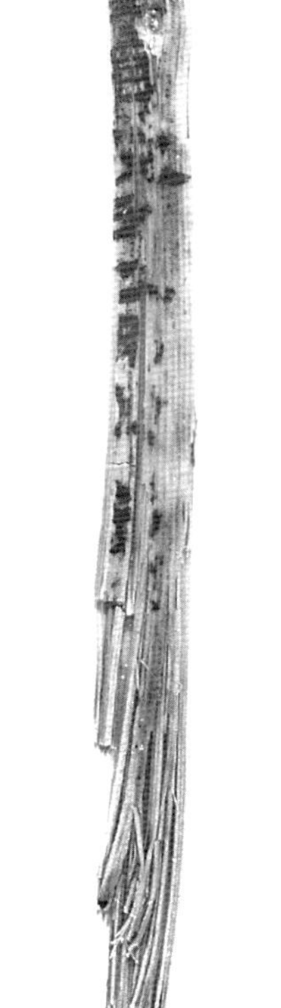

四五一　四六五　四六一

四六六正　四五七

四六六背　四五六

四五五　四五八　四六七

四六二　四六三　四六四

四五二　四五九　四五四

四六〇　四六八正

四五三　四六八背

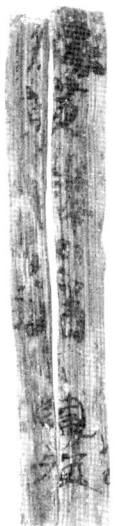

四六九　四七一　四七〇

四七六正　四八四　四八六

四七六背　四九〇　四七八

四八〇　四八八　四七七

四七九　四七四　四八二

四七二　四八一　四八九

四八五　四七三　四八三

四八七　四七五　四九一

四九二　五〇五　四九九

五〇一正　四九八　四九三

五〇一背　四九五　五〇六

五〇四　四九六　五〇七

五〇二　四九七　五〇三

五一〇　五〇〇

五〇八　五一二　四九四

五一一　五〇九　五一三

五一四　五二二　五二三

五三八　五二〇　五一六　五二九

五一九　五一八　五二七

五三一正　五二五　五二一　五三二

五三一背　五一七　五三七　五三四

五二四　五三五　五三三

五三〇　五二六　五三九　五三六

五一五　五二八　五四〇

五四一 五四四 五五〇

五四六正 五六五 五五四 五六〇

五四六背 五五三 五五二 五四五

五五六 五四八 五四三 五四九

五五七 五五五 五四二

五五八 五六三 五五一正

五四七 五六一 五五一背

五五九 五六二 五六四 五六六

五六七　五七四　五七〇

五七六　五八三　五六八

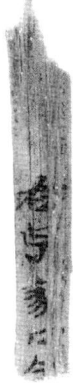

五七七　五七二　五八五

五七一　五七九　五八一

五八六　五八二　五八八

五八七　五七三　五八〇

五八四　五六九　五七八

五七五　五八九　五九〇

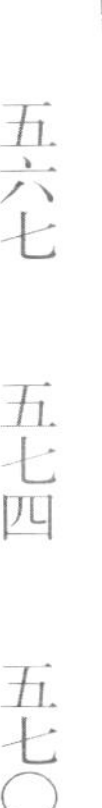

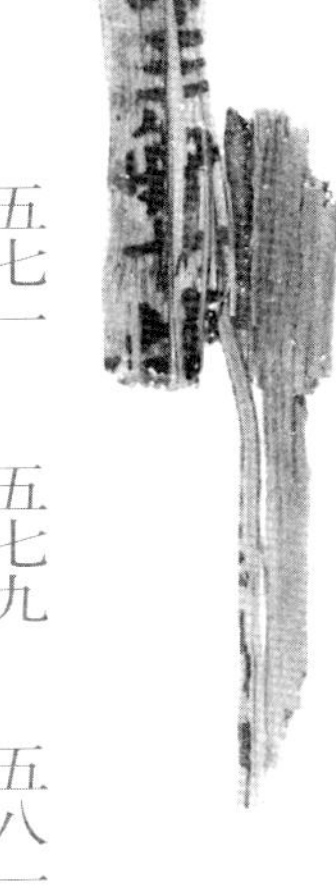
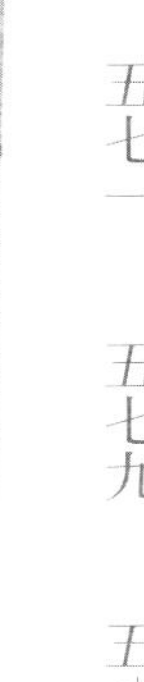
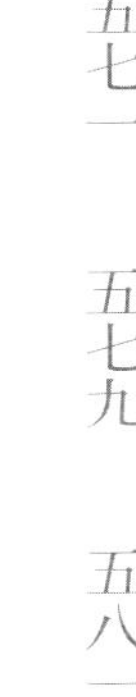

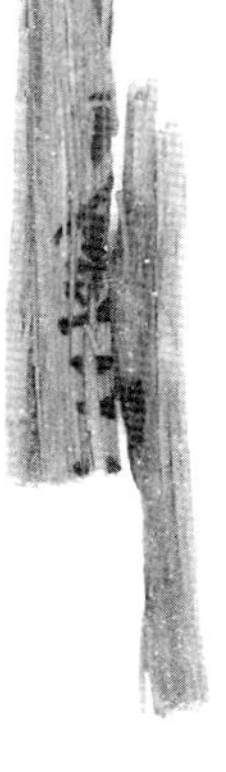

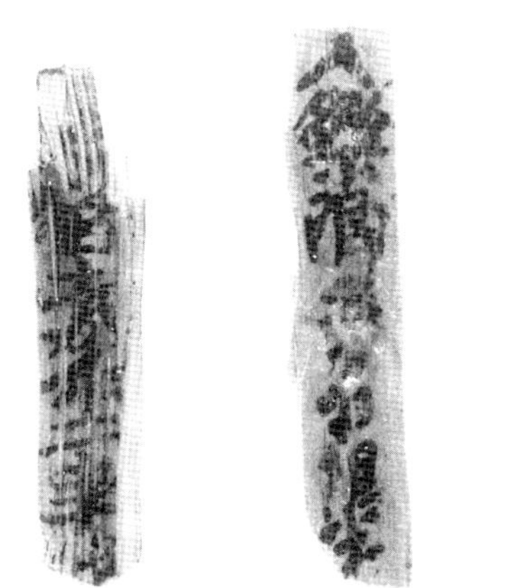
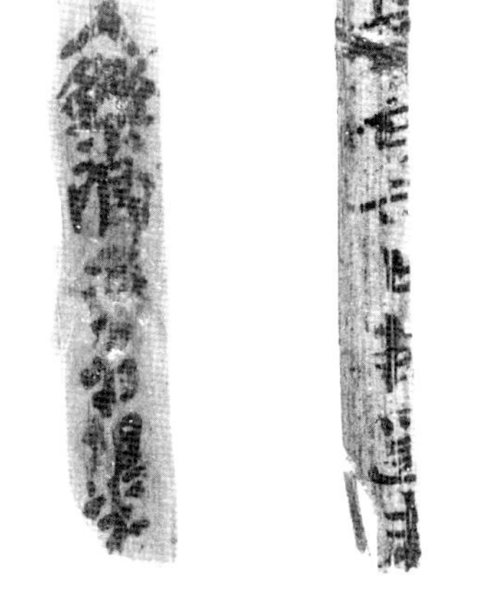
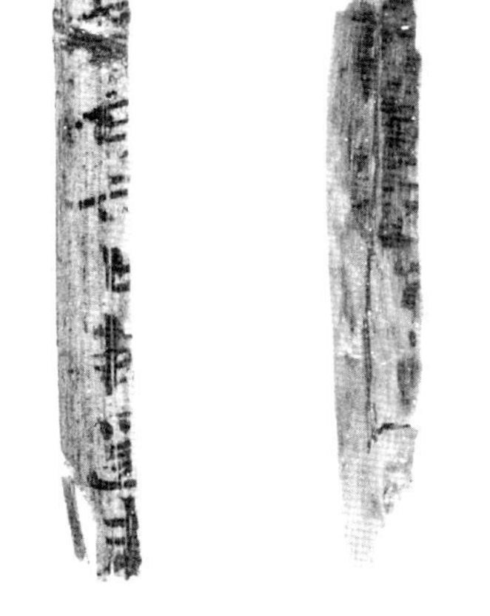
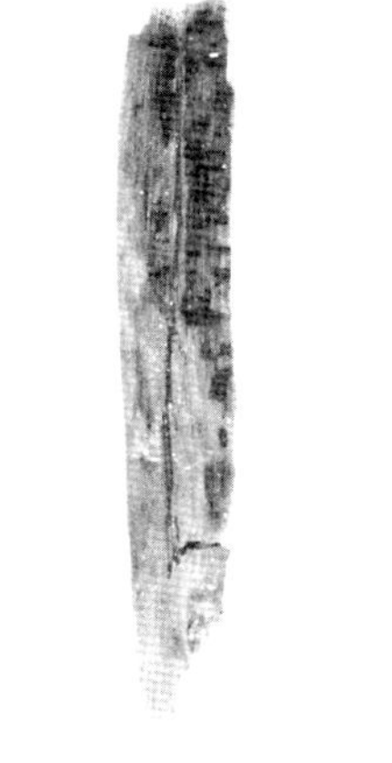

五九一　五九二　六〇八

五九四　五九六　五九五

五九八　六〇四　六〇五

五九三　六〇〇　六〇三

六〇七　六一二　六〇九

六〇一　六〇六　五九九

六一〇　五九七　六〇二

六一三　六一一　六一四

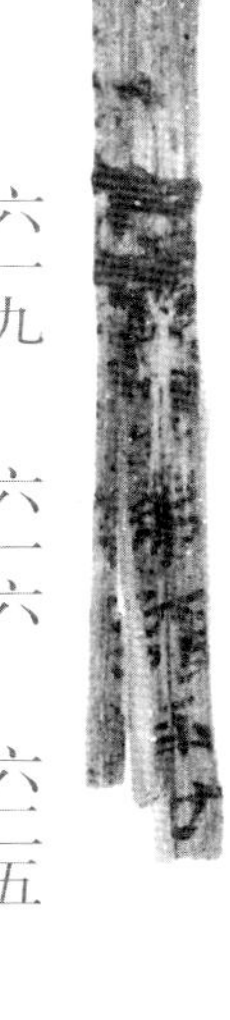

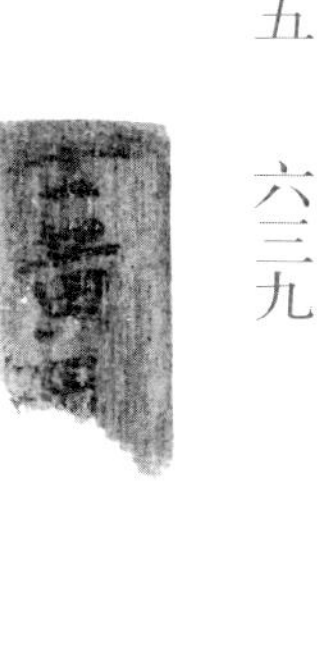

六一五　六一八　六二六

六二三　六三八　六二二

六一九　六一六　六二五　六二〇

六二七　六三七　六三〇　六四二

六二九　六二八　六三五　六三九

六三二　六三三　六四一　六三四

六四〇　六一七　六三一　六二一

六二四　六三六　六四三

六四四 六四五 六五六 六六一

六四九正 六五〇 六五一 六五五

六四九背 六五九 六六八 六六六

六五七 六五四 六六〇 六五三

六四八 六六三 六六九

六六二 六五二 六七〇 六五八正

六四六 六六五 六四七 六五八背

六六七 六六四 六七一

六七二　六九六　六七八　六七三

六七六　六八九　六九八　七〇四

七〇二　六八五　六七九　七〇一　六九四

六八三　六七四　六八七　六九二

六七五正　六九七　六九九　六八八

六七五背　六七七　七〇〇　六九三

六八四　六八二　六九五　六九〇　六八〇　六八六

七〇三　六九一　六八一　七〇五

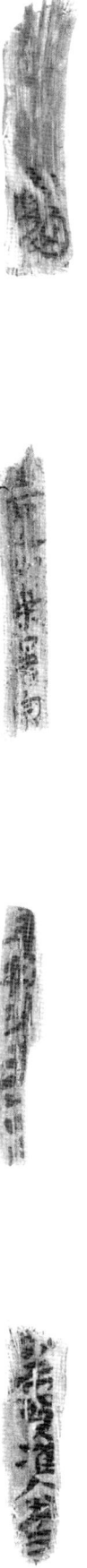

七〇六背　七〇七　七〇八　七一三　七四一

七一〇　七三一　七一二　七一八

七一六　七一七　七一九　七三八　七三九　七二四

七二〇　七二六　七二二　七二三　七二七

七三〇　七二五　七三四　七二一　七三六

七一一　七三七　七三三　七二九

七三五　七一五　七四三　七二八　七〇九

七四〇　七一四　七三二　七四二　七四四

七四五　七四六　七六一　七五一　七四九　七五五

七五三　七五〇　七四八　七五七

七六〇　七六三

七五六　七六二

七五九　七四七　七六七

七五八　七五二　七六五

七五四　七六六

七六四　七六八

七六九　七七八

七七〇　七八二

七七一　七八六　七八一

七七三　七七六　七八五

七八三　七七九　七八八　七八九

七八〇　七八七　七七四

七九〇　七九一　七七二

七七七　七七五

七九二　七八四　七九三

七九四　八〇三　七九五

八〇七　八〇二　八〇九　八一二

八一四　八一六　八〇五

七九六　八〇四　七九七

八〇八　八〇六　八一七

八〇〇　八一〇　八一五

八一一　七九八　八一三

八〇一　七九九　八一八

八一九　八四六　八三〇

八三九　八四二　八三四　八四四　八三五

八二四　八四七　八二〇　八二六

八四三　八二九　八二二　八二七

八四一　八二五　八三二　八三七

八二三　八四〇　八四五　八三八

八二一　八三六　八二八

八三三　八三一　八四八

八四九　八七〇　八五〇　八六三

八六〇　八五九　八七四　八五八

八六八　八五四　八五一　八五五　八七六

八五七　八六二　八七八　八七一

八六四　八六六　八六七　八六一

八七三　八六五　八六九　八五二

八七二　八五六　八七九　八七五

八七七　八五三　八八〇　八八一　八八二

八八三　九一二　八九〇

八九二　八八八　九〇二　八九四　八八四

八九九　八八六　八九一　九一一　八九三

八九六　八九八　八八九　八八五

九一〇　九〇〇　八九五　九〇六

九一三　九一四　九〇八　八八七

九〇四　九〇七　九〇五　九〇九　九〇一　九〇三

九一五　八九七　九一六　九一七

九一八　九一九　九二二　九二八　九二四

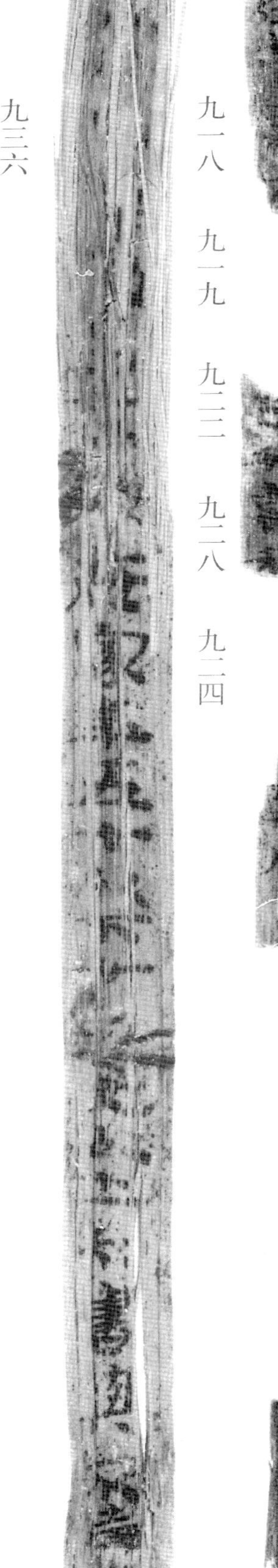

九三六

九二三　九二九　九二七　九二〇　九三一　九二一

九三四

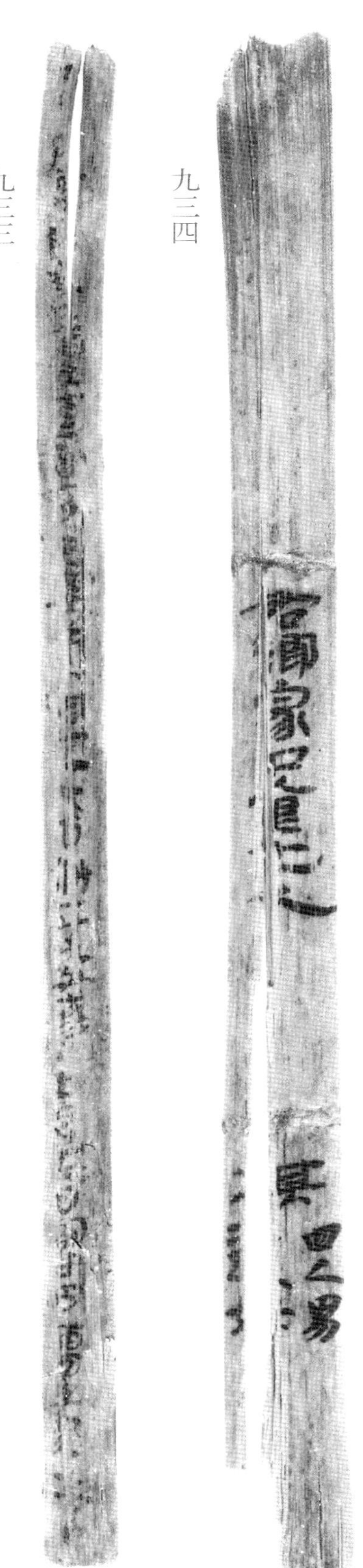

九三三

九三二

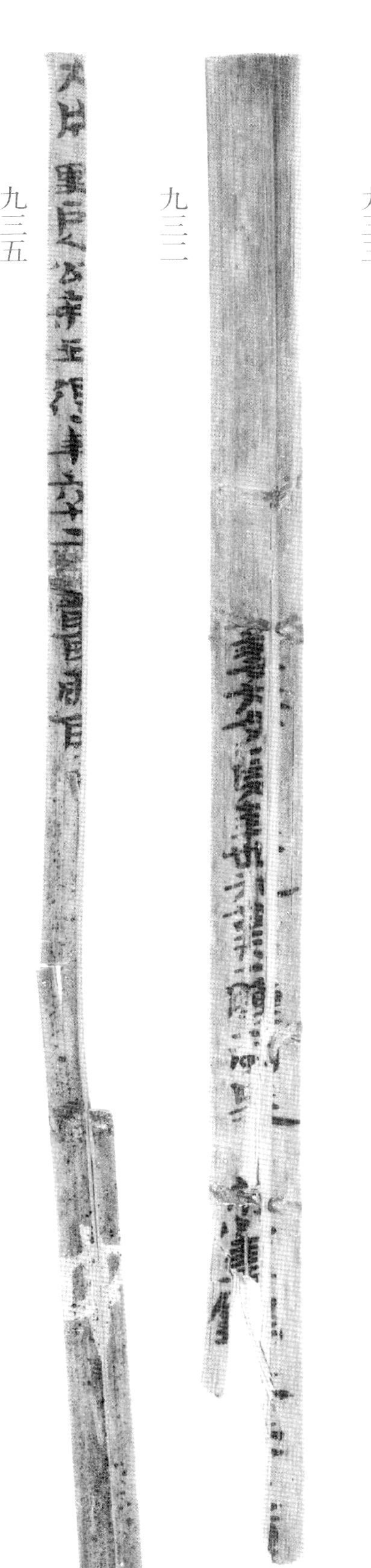

九三五

九二六　九二五　九三〇　九三七

九三八

九三九

九四〇

九四一

九四二

九四三

九四四

九四五

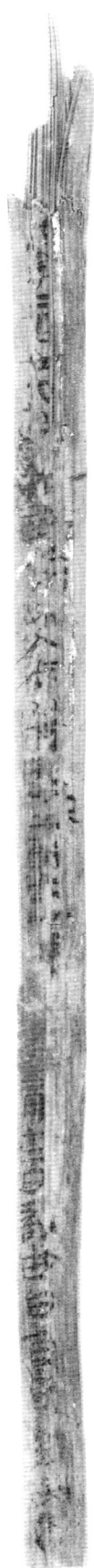

九四六　九五四

九四七

九四八

九五〇

九五二

九五三

九四九

九五一　九五五

九五六 九五七 九五八 九五九 九六〇 九六一 九六二 九六三

九六四

九七六　九七〇

九六七　九七七　九七三

九七二　九六九

九六五　九六六

九六八　九七九　九七四

九七一　九八〇　九七八

九七五　九八一

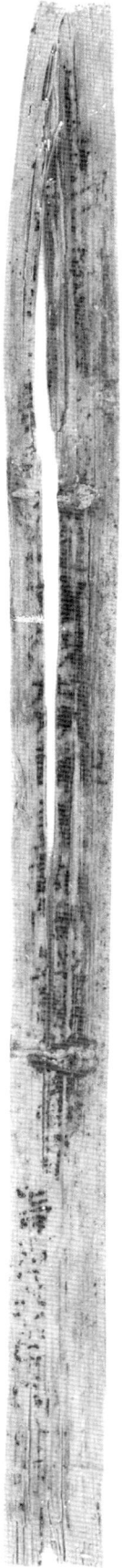

九八二　九八九　九八三
九八四
九八六　九九六　九八八　九九三
九八五　九九一　九九二
九九五　九八七
九九〇
九九八　九九七
九九四　九九九

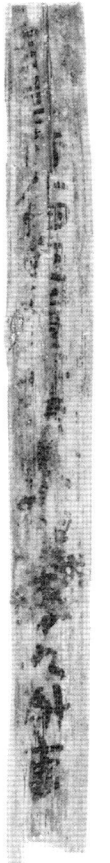

一〇〇〇　一〇一〇　一〇〇一

一〇一七　一〇二二　一〇二〇

一〇〇六　一〇〇五　一〇〇三

一〇一八　一〇〇七

一〇〇九　一〇二一　一〇一五

一〇一九　一〇〇二　一〇一一

一〇一六　一〇一三　一〇一四　一〇〇四

一〇〇八　一〇一二

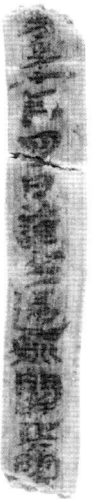

一〇二三　一〇三七

一〇二四　一〇三二　一〇三〇

一〇二八　一〇四二　一〇二六

一〇三一　一〇三八　一〇二七

一〇三三　一〇三六　一〇四一

一〇三四　一〇二五

一〇三五　一〇二九　一〇三九

一〇四〇　一〇四三

一〇四四 一〇四五

一〇四六 一〇四七 一〇四八

一〇四九 一〇五〇 一〇五一

一〇五二 一〇五四

一〇五三 一〇五五 一〇五八

一〇五九 一〇六〇 一〇六一

一〇五六 一〇五七 一〇六四 一〇六五

一〇六二 一〇六三 一〇六六 一〇六七

一〇六八　一〇七四　一〇七〇

一〇七一　一〇七二

一〇六九　一〇七三　一〇七五　一〇七七

一〇七六　一〇七八　一〇七九　一〇八七

一〇八〇　一〇八六　一〇八三

一〇八一　一〇八四　一〇八五　一〇九〇　一〇九二

一〇八二　一〇八八　一〇八九　一〇九一

一〇九三　一〇九四　一〇九五

一〇九六 一一一八 一一〇一 一一一四
一〇九七 一一〇六 一一〇〇
一一〇三 一一〇四 一一〇五 一一〇七 一一〇八
一〇九八 一〇九九 一一一〇 一一一一 一一一二
一一〇九 一一一三 一一一五 一一一六 一一一七
一一二二
一一〇二 一一二一
一一一九 一一二〇 一一二三

一一二四　一一三〇

一一二六

一一二七

一一二五　一一二八

一一二九

一一三一

一一三二

一一三三

一一三四

一一三五　一一三六

一一三七　一一三八　一一三九

一一四二

一一四一　一一四三

一一四四

一一四〇　一一四五

一一四六

一一四七

一一四八

一一四九

一一五〇

一一五一

一一五二

一一五三

一一五四

一一五五

一一五六 一一五八

一一五七

一一五九

一一六一

一一六二

一一六三

一一六〇 一一六四

一一六五　一一七〇

一一六六　一一六九

一一六七　一一六八

一一七一

一一七二

一一七三

一一七四

一一七五

一一七六　一一七八

一一七七　一一八二

一一七九　一一八〇

一一八一　一一八三

一一八四　一一八六

一一八五　一一八七

一一八九

一一八八　一一九〇

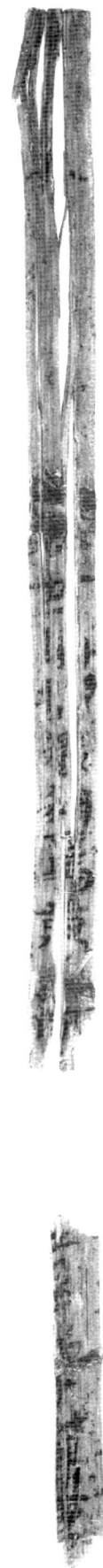

一一九一　一一九三　一一九四
一一九二　一一九七
一一九五　一二〇四
一一九九
一二〇〇　一一九八
一二〇一　一一九六
一二〇三
一二〇二　一二〇五

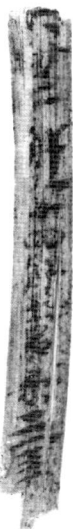

一二〇六　一二〇七　一二一二

一二〇八　一二〇九

一二一一　一二一三　一二一四

一二一五　一二一六　一二一七

一二一八　一二一九　一二二二

一二二一　一二二〇

一二一〇　一二二三　一二二四

一二二五　一二二六正　一二二七

一二二八　一二二九　一二四二

一二三一　一二三二　一二三〇　一二四〇

一二三四　一二三五　一二三六

一二三八　一二三九　一二四四

一二四一　一二三三　一二四六

一二四七　一二四八

一二三七　一二四五

一二四三　一二四九　一二五〇　一二五一

一二五二　一二六五

一二五六　一二六〇　一二六九

一二五七　一二六七

一二五四　一二五八　一二六六

一二六二　一二六四

一二五三　一二六一　一二六三

一二五九　一二六八

一二五五　一二七〇

一二七一　一二七三
一二七二　一二七四
一二七五　一二七六
一二七七　一二七八
一二七九
一二八〇　一二八四
一二八一　一二八二
一二八三　一二八五

一二八六　一二九七

一二八八　一二八九

一二九〇　一二九八

一二八七　一二九一

一二九三　一二九六　一三〇〇

一二九四　一二九九

一二九二　一三〇一

一二九五　一三〇二

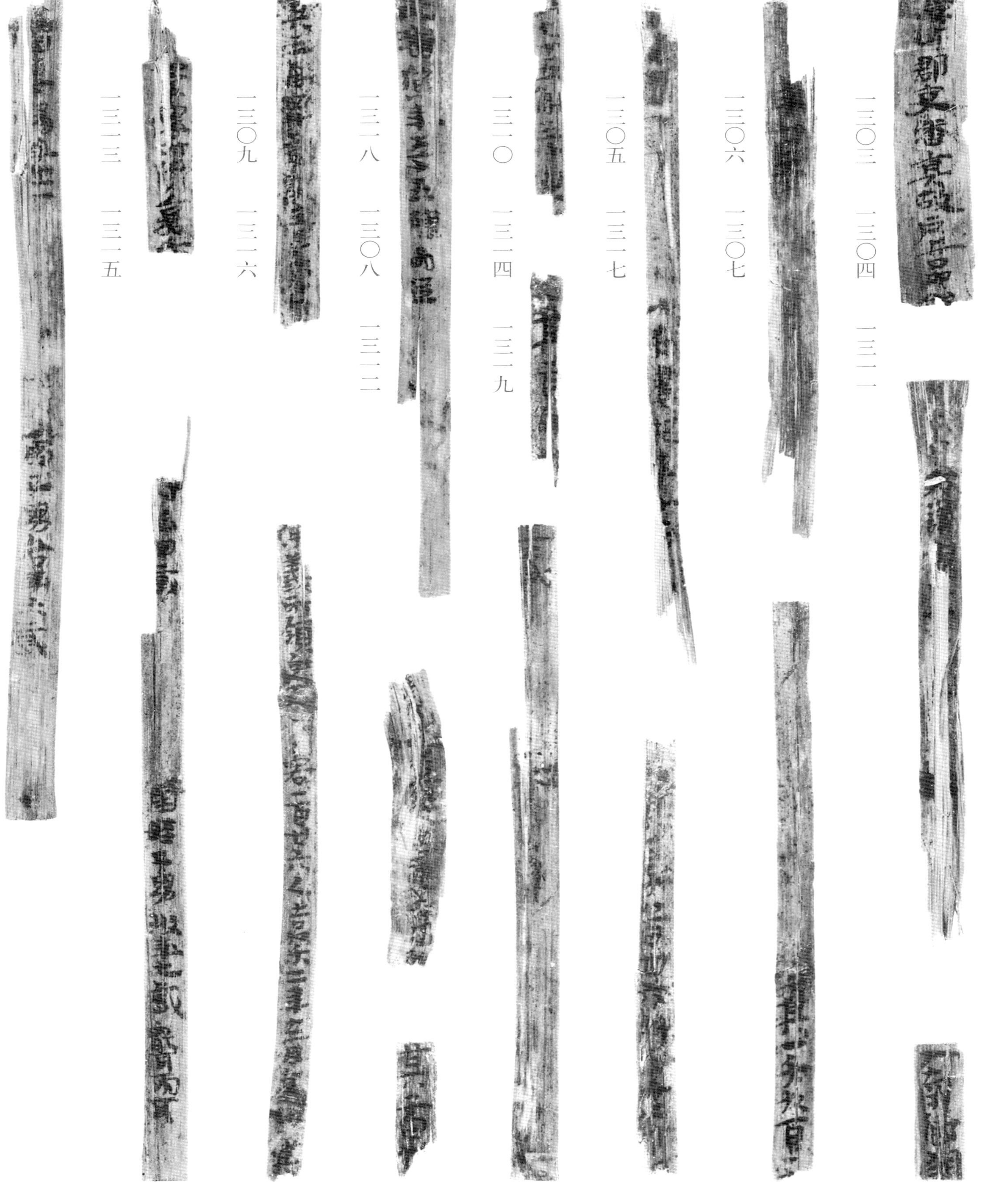

一三〇三　一三〇四　一三二一

一三〇六　一三〇七

一三〇五　一三一七

一三一〇　一三一四　一三一九

一三一八　一三〇八　一三一二

一三〇九　一三一六

一三一三　一三一五

一三二〇

一三二一

一三二二

一三二三

一三二四

一三二七

一三二五

一三二六

一三二八

一三二九

一三三〇　一三三一　一三三二　一三三三　一三三四　一三三五　一三三六　一三三七　一三三八　一三三九　一三四〇　一三四一

一三四二　一三四三

一三四四　一三四九　一三五一

一三四六

一三四七　一三四五

一三四八

一三五〇　一三五三

一三五二

一三五四　一三五五

一三五六　一三五七　一三六〇

一三五八　一三五九

一三六一　一三六二　一三六四

一三六三　一三六九

一三六六

一三六七

一三六八　一三六五

一三七〇

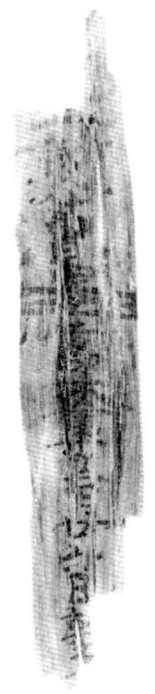

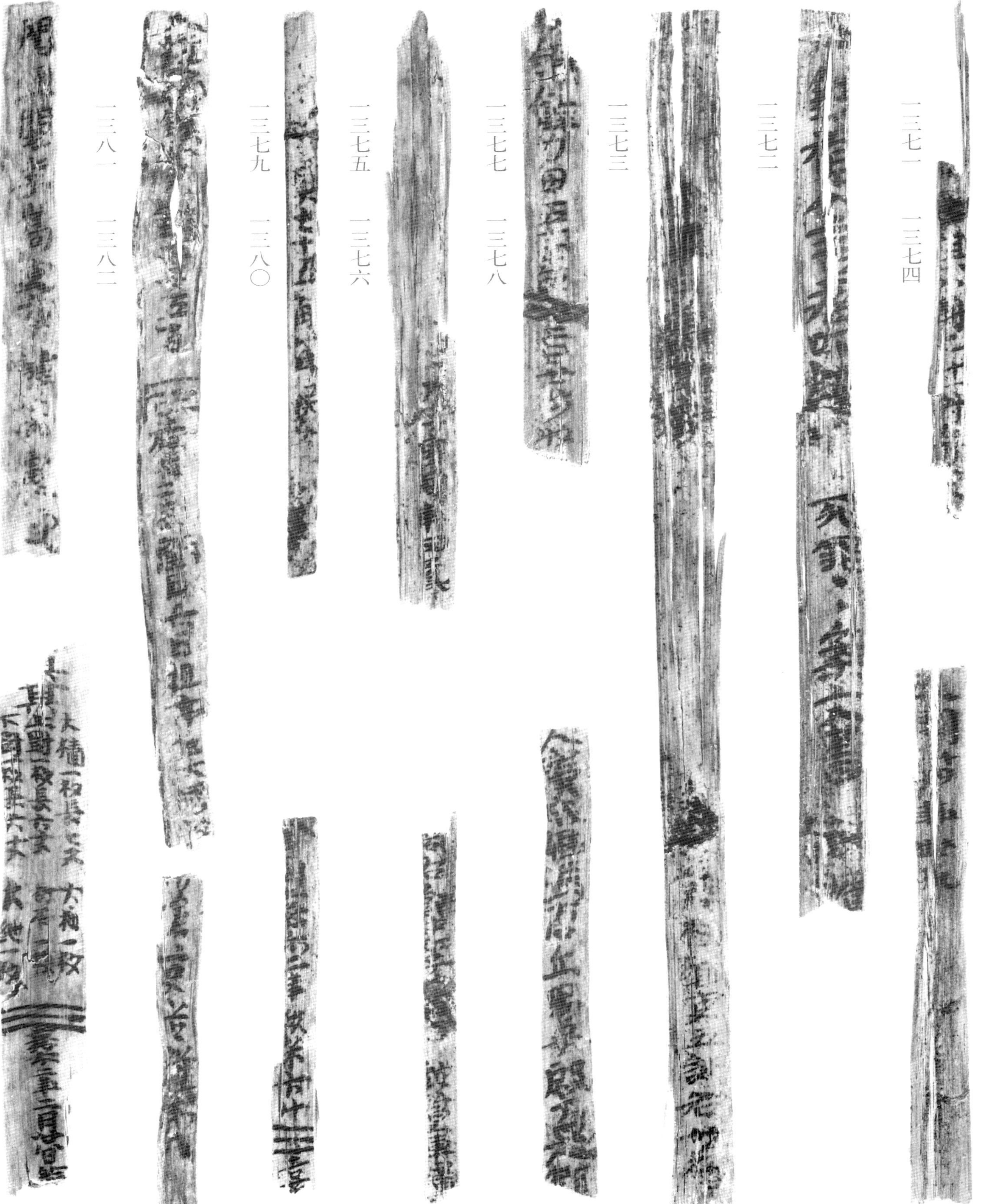

一三七一　一三七四

一三七二

一三七三

一三七七　一三七八

一三七五　一三七六

一三七九　一三八〇

一三八一　一三八二

一三八三　一三八四

一三八五　一三八六
一三八七　一三八八
一三八九　一三九〇
一三九一　一三九二
一三九三　一三九五
一三九六　一三九七
一三九四　一三九八　一三九九
一四〇〇　一四〇一

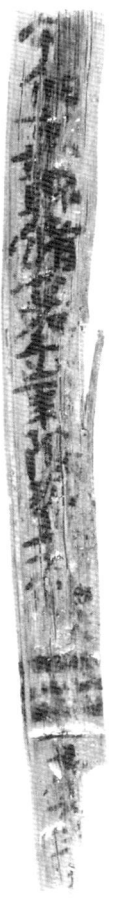

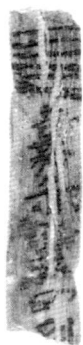

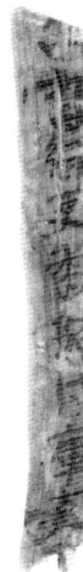

一四〇二　一四〇三　一四〇四

一四〇五　一四〇六　一四一五

一四〇七　一四一四

一四〇九　一四一二

一四一〇　一四一六　一四一八

一四〇八　一四一一　一四一三

一四一七　一四一九

一四二〇　一四二一

一四二二　一四二三

一四二五　一四二九　一四二六

一四二七　一四二八　一四三〇　一四三一　一四三八

一四三三甲　一四三三乙　一四三三

一四二四　一四三四

一四三五　一四三六

一四三九　一四三七

一四四〇　一四四一

一四四二　一四四三　一四四七

一四四四　一四四六　一四五〇

一四四八　一四四九　一四五二　一四五三

一四四五　一四五一

一四五四　一四五五　一四五七

一四五八　一四五九　一四六一

一四六〇　一四六四　一四六二

一四五六　一四六三　一四六五

一四六六　一四六七

一四六八　一四六九　一四七〇

一四七一　一四七二　一四七六　一四八四

一四七三　一四七四　一四八一

一四七五　一四七九　一四八三

一四七七　一四七八　一四八〇　一四八六

一四八二　一四八五　一四八七　一四八八

一四八九　一四九〇　一四九一

一四九二　一四九三　一四九四　一四九五

一四九六　一四九八　一五〇〇　一五〇一

一四九九　一五〇五　一五〇二

一五〇三　一五〇六　一五一二　一五〇四

一五〇七　一五〇八　一五〇九　一五一三

一五一一　一五一五

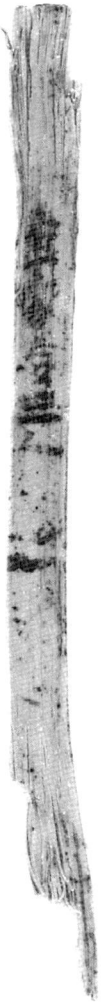

一五一四　一五一〇

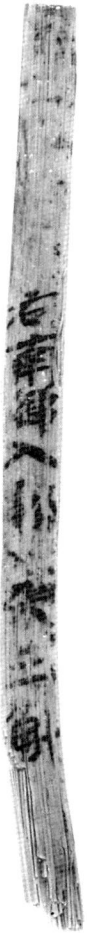

一四九七　一五一六

一五一七 一五一八 一五一九 一五二〇 一五二一 一五二二 一五二三 一五二四

一五二五 一五二六 一五二七 一五二八 一五二九 一五三〇 一五三一 一五三二 一五三三

一五三四
一五三五　一五四一
一五三六
一五三七
一五三八
一五三九
一五四〇
一五四二

一五四三

一五四四　一五五一

一五四五

一五四六

一五四七

一五四八

一五四九

一五五〇　一五五二

一五五三 一五五五
一五五四
一五五七
一五五八
一五五九
一五六〇
一五六一 一五五六
一五六二 一五六三

一五六四

一五六五　一五六九

一五六六　一五六七

一五六八　一五七四

一五七〇

一五七一　一五七二

一五七三　一五七五

一五七六

一五七七　一五七八

一五七九　一五八〇

一五八一

一五八二　一五八四

一五八三

一五八五

一五八六

一五八七

一五八八 一五九四
一五八九 一六〇四
一五九〇 一五九二 一五九八
一五九一 一五九七
一五九三 一五九六
一五九九 一六〇一
一六〇〇 一六〇二
一五九五 一六〇三 一六〇五

一六〇六　一六一〇
一六〇七　一六一二
一六〇八　一六一五
一六〇九　一六一六
一六一三　一六一一　一六一七
一六一四
一六一八
一六一九

一六二〇
一六二一
一六二二
一六二三
一六二四
一六二五
一六二六
一六二七

一六三五　一六三四　一六三三　一六三二　一六三一　一六三〇　一六二九　一六二八

一六三六

一六三七

一六三八

一六三九

一六四〇

一六四一

一六四二

一六四三

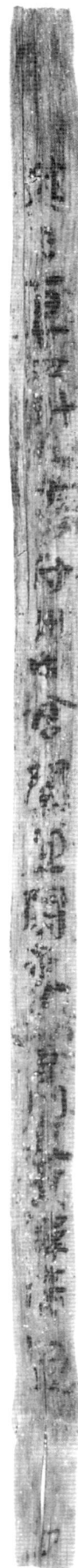

一六四四

一六四五

一六四六

一六四七

一六四八

一六四九

一六五〇

一六五一

一六五二

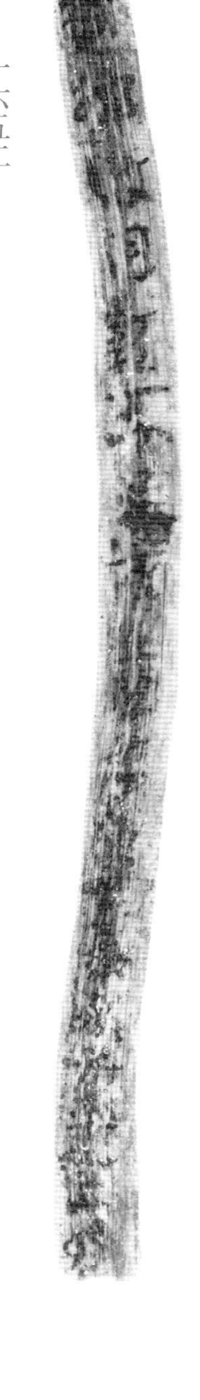

一六五三

一六五四

一六五五

一六五六

一六五七

一六五八

一六五九

一六六〇

一六六一

一六六二

一六六三

一六六四

一六六五

一六六六

一六六七

一六六八 一六六九 一六七〇 一六七一 一六七二 一六七三 一六七四 一六七五

一六七六

一六七七

一六七八

一六七九

一六八〇

一六八一

一六八二

一六八三

一六八四

一六八五

一六八六

一六八七

一六八八

一六八九

一六九〇

一六九一

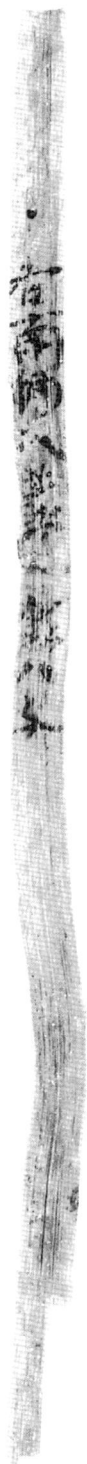

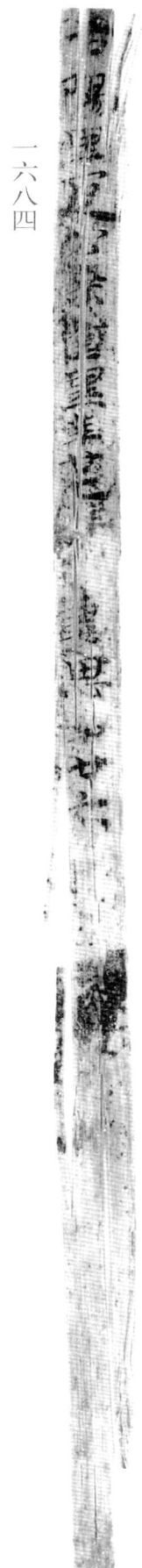

一六九二

一六九三

一六九四

一六九五

一六九六

一六九七

一六九八

一六九九

一七〇〇
一七〇一
一七〇二
一七〇三
一七〇四　一七〇七乙
一七〇五
一七〇六
一七〇七甲

一七〇八　一七一五

一七〇九

一七一〇　一七一一

一七一二　一七一三

一七一四　一七一六

一七一七

一七一八

一七一九

一七二〇　一七二六
一七二一　一七二四
一七二二　一七二三
一七二五
一七二七　一七二八
一七二九　一七三〇
一七三一　一七三二
一七三三　一七三四

一七三五

一七三六甲　一七三六乙

一七三七

一七三八

一七三九

一七四〇

一七四一

一七四二

一七四三

一七四四

一七四五

一七四六

一七四七

一七四八

一七四九

一七五〇

一七五一

一七五二

一七五三

一七五四

一七五五

一七五六

一七五七

一七五八

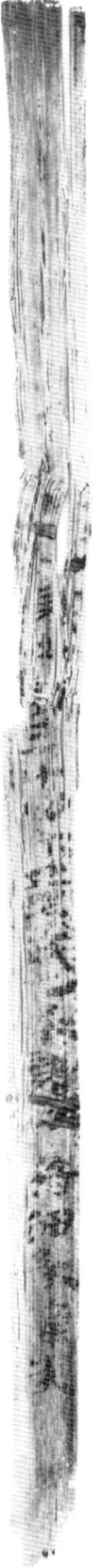

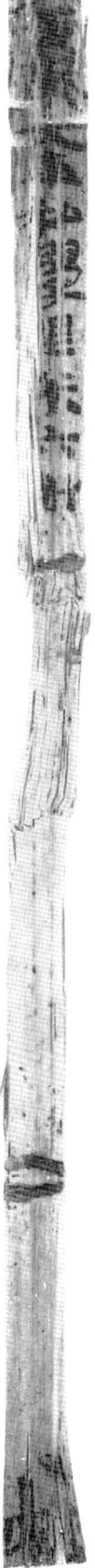

一七五九

一七六〇

一七六一

一七六二

一七六三

一七六四

一七六五

一七六六

一七六七　一七六八　一七七〇　一七七二　一七六九　一七七一　一七七三　一七七四　一七七五　一七七七　一七七六　一七七八

一七七九　一七八六

一七八〇

一七八一

一七八二

一七八三

一七八四　一七八七

一七八五

一七八八

一七八九

一七九〇

一七九一

一七九二　一七九五

一七九四

一七九七

一七九三　一七九六

一七九八　一七九九

一八〇〇　一八〇五

一八〇一

一八〇二

一八〇三

一八〇四

一八〇六

一八〇七

一八〇八

一八〇九

一八一〇

一八一一

一八一二

一八一三

一八一四

一八一五

一八一六

一八一七　一八二四

一八一八

一八一九

一八二〇

一八二一

一八二二

一八二三　一八二五

一八二六

一八二七

一八二八

一八二九

一八三〇

一八三一

一八三二

一八三三

一八三四

一八三五　一八三六　一八三七　一八三八　一八三九　一八四〇　一八四一　一八四二

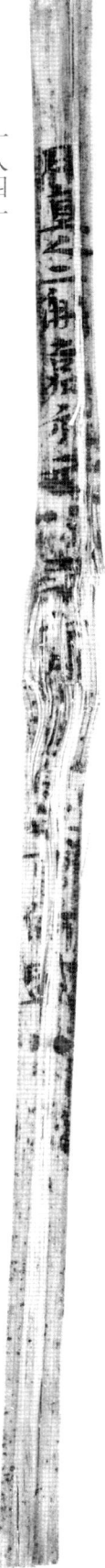

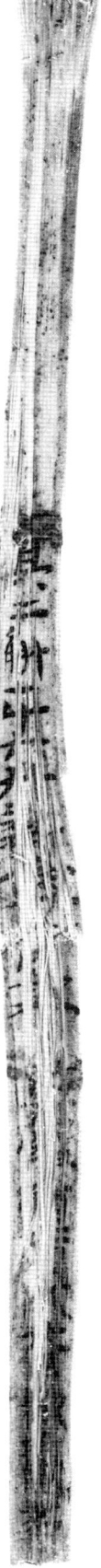

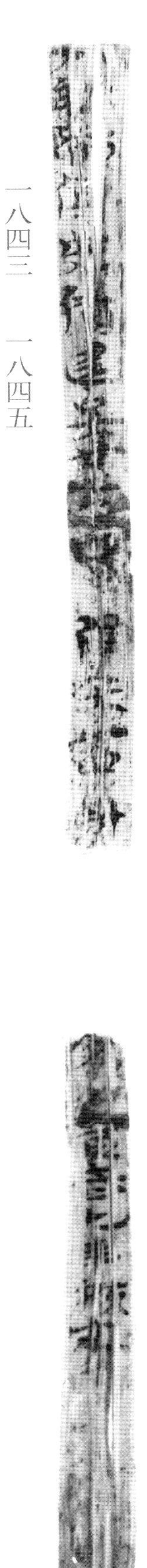

一八四三　一八四五

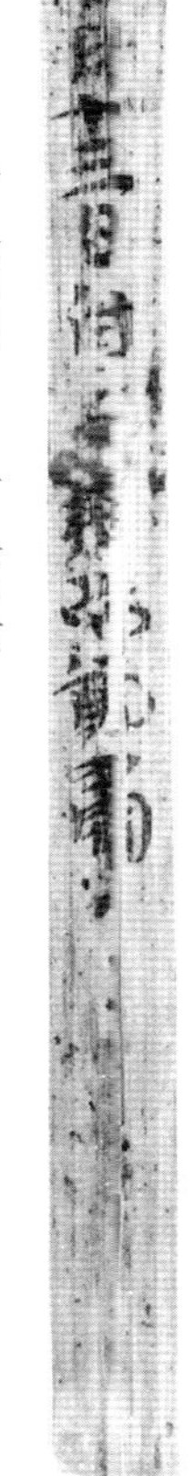

一八四四　一八四六

一八四七　一八四八

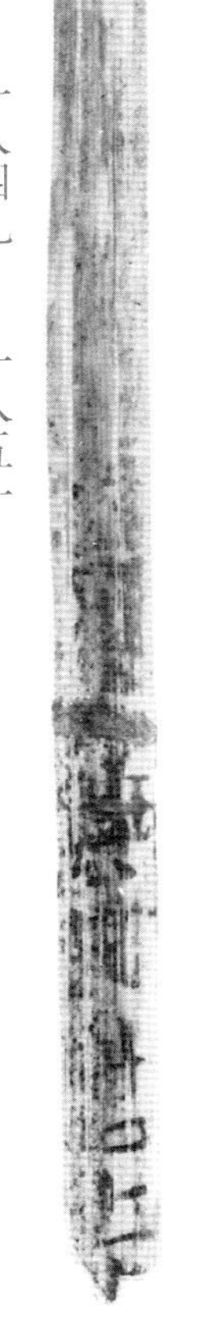

一八四九　一八五一

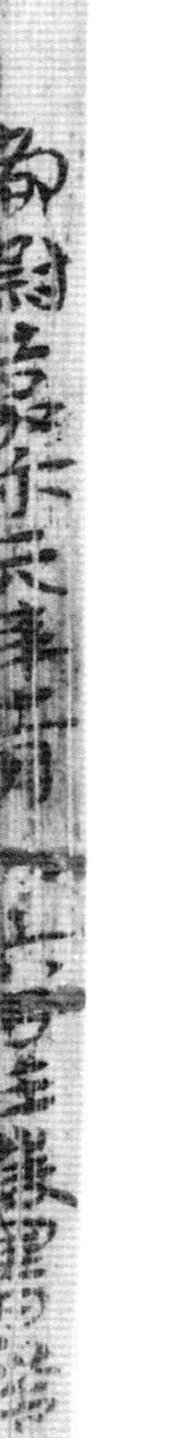

一八五〇

一八五二

一八五三

一八五四

一八五五 一八五六 一八五七 一八五八 一八六一 一八五九 一八六〇 一八六二 一八六三 一八六四 一八六五 一八六六

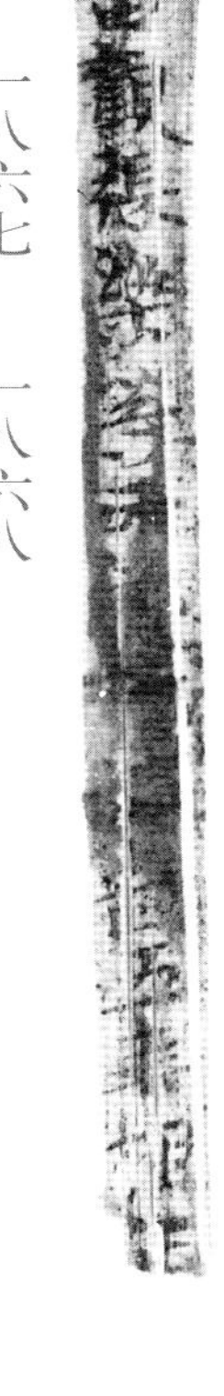

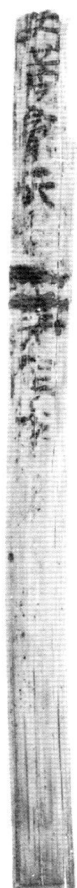

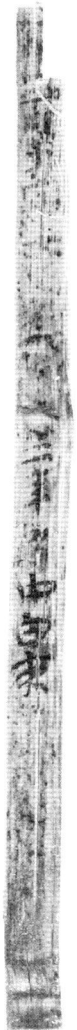

一八六七　一八六八

一八六九

一八七〇

一八七一

一八七二

一八七三

一八七四

一八七五

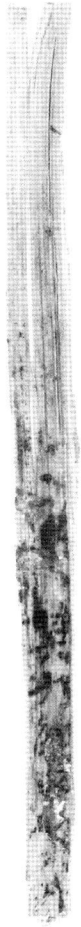

一八七六

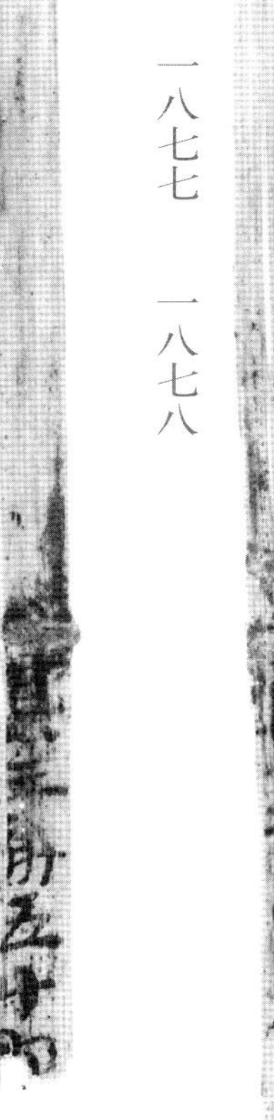

一八七七 一八七八

一八七九

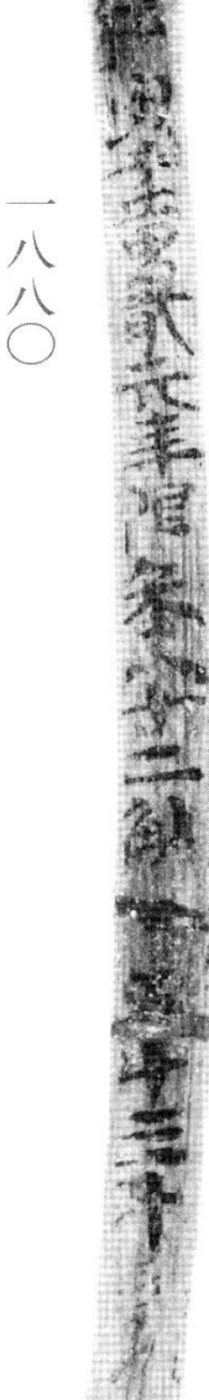

一八八〇

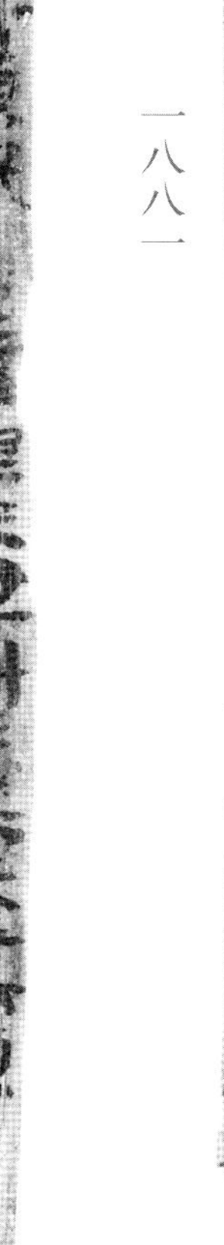

一八八一

一八八二

一八八三

一八八四 一八八五

一八八六

一八八七　一八八八

一八九〇　一八九一

一八八九

一八九二

一八九三

一八九四

一八九五

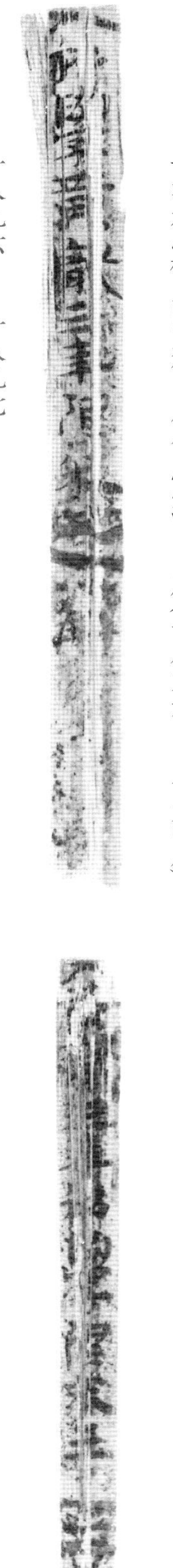

一八九六　一八九七

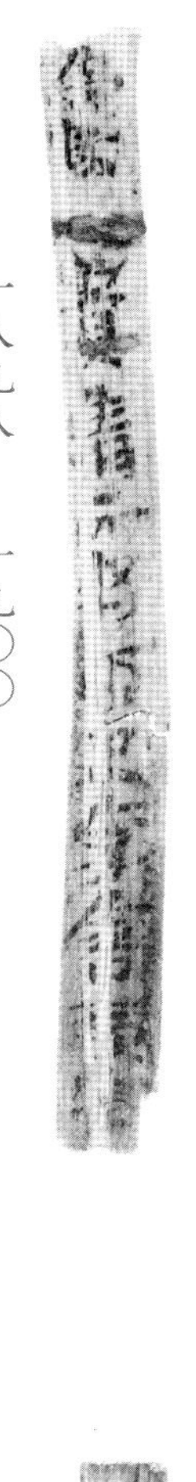

一八九八　一九〇〇

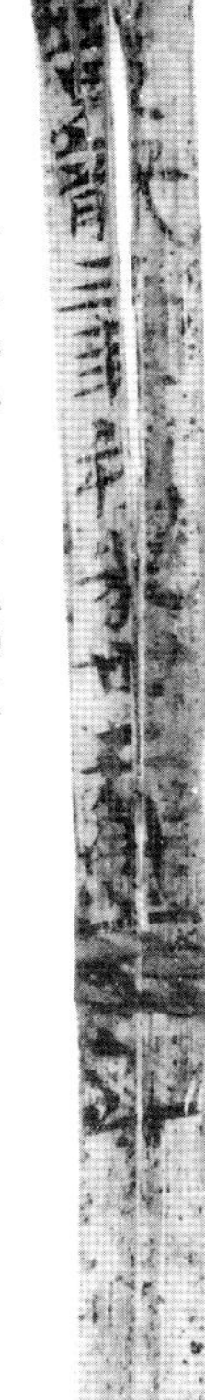

一八九九　一九〇三

一九〇四　一九〇五

一九〇一

一九〇二

一九〇七　一九〇六

一九〇八

一九〇九

一九一〇　一九一四

一九一一

一九一二

一九一三

一九一五

一九一六

一九一七

一九一八　一九二〇

一九一九　一九二七

一九二一　一九二二

一九二三　一九二四

一九二五

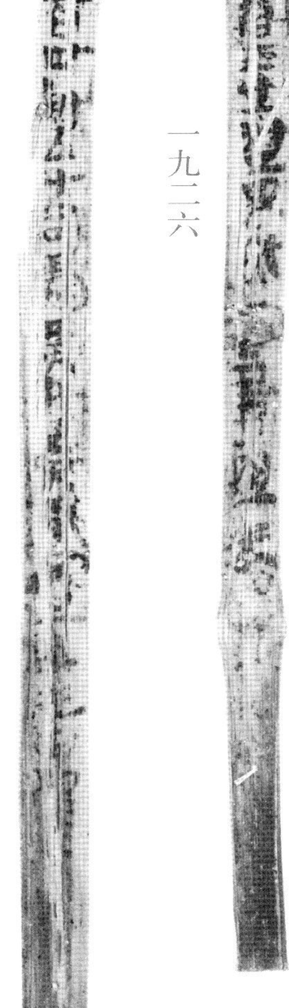

一九二六

一九二八

一九二九

一九三〇　一九三八

一九三一　一九三三

一九三四　一九三六

一九三五

一九三七

一九四〇　一九三九

一九四一　一九四二

一九三二　一九四三

一九四四　一九四五

一九四六　一九五四

一九四七　一九五五

一九五〇　一九五一

一九五二　一九五三

一九四八　一九四九

一九五六　一九五七

一九五八　一九五九

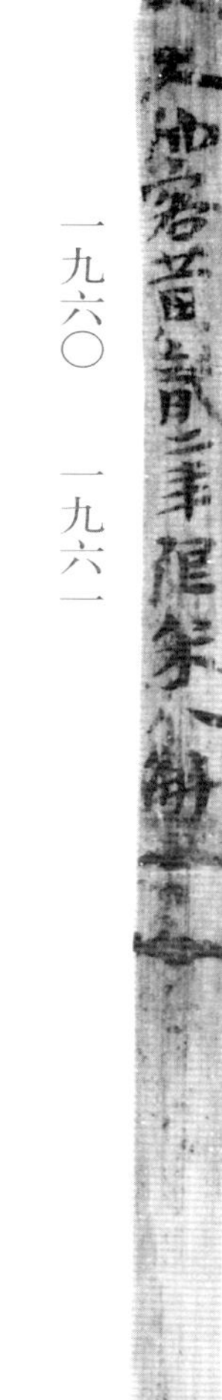

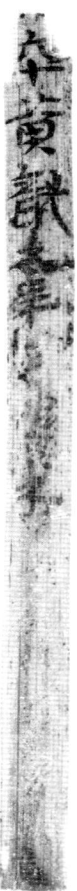

一九六〇　一九六一

一九六二　一九六四

一九六三

一九六五

一九六六

一九六七

一九六八

一九六九

一九七〇　一九七五

一九七一

一九七二

一九七三

一九七四

一九七六

一九七七

一九七八

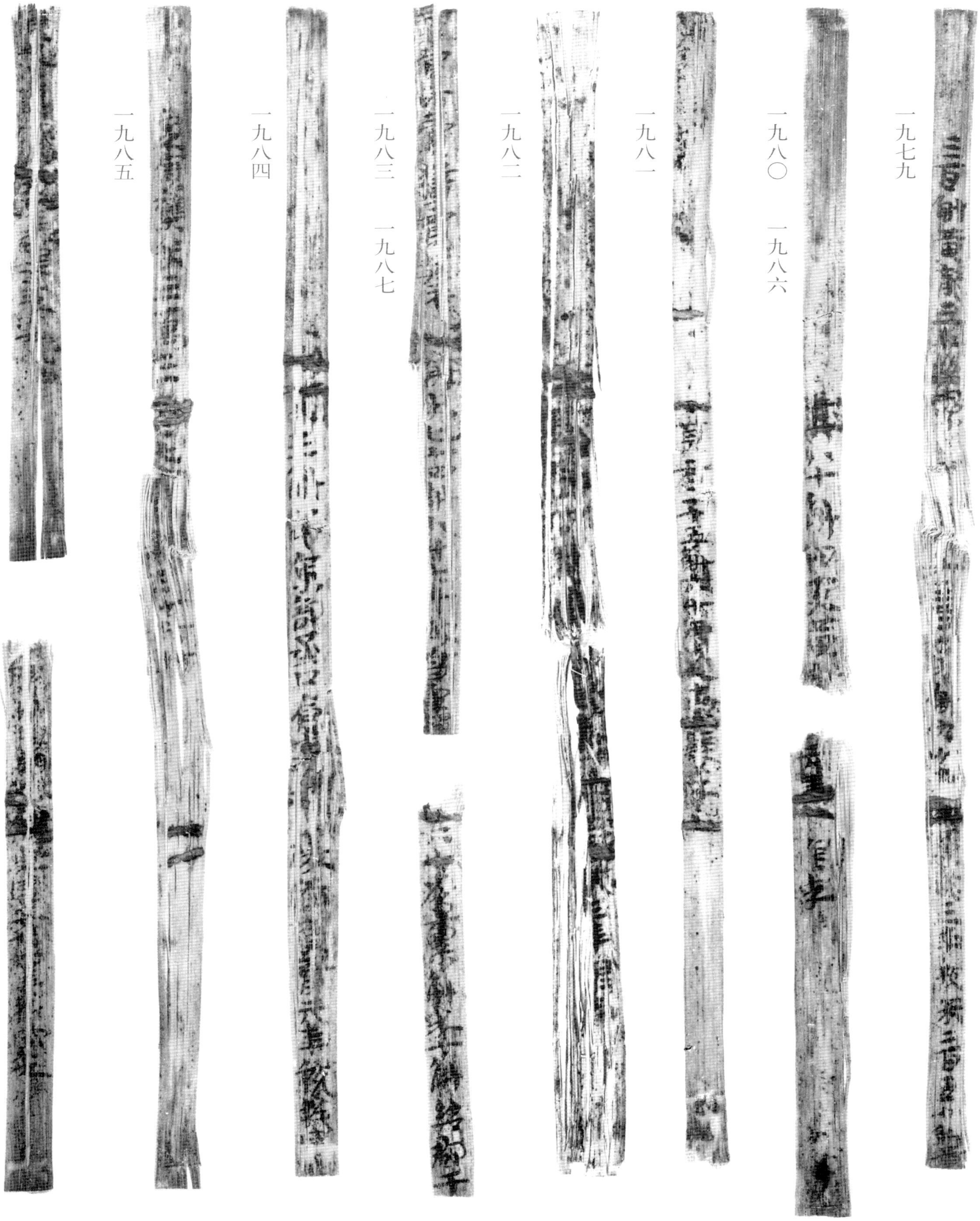

一九七九

一九八〇　一九八六

一九八一

一九八二

一九八三　一九八七

一九八四

一九八五

一九八八　一九八九

一九九〇 一九九一
一九九二
一九九三
一九九四
一九九五
一九九六
一九九七
一九九八

一九九九

二〇〇〇

二〇〇一

二〇〇二

二〇〇四

二〇〇五

二〇〇六

二〇〇三　二〇〇七

二〇〇八

二〇〇九 二〇一〇 二〇一一

二〇一二

二〇一三

二〇一四

二〇一五

二〇一六

二〇一七

二〇一八

二〇一九

二〇二〇

二〇二一

二〇二二

二〇二三

二〇二四

二〇二五

二〇二六

二〇二七

二〇二八　二〇二九

二〇三〇

二〇三一

二〇三二

二〇三四

二〇三三　二〇三五

二〇三六

二〇三七　二〇三八

二〇三九

二〇四〇

二〇四一

二〇四二

二〇四三

二〇四四

二〇四五

二〇四六

二〇四七

二〇四八

二〇四九　二〇五〇

二〇五一

二〇五二

二〇五三

二〇五四

二〇五五

二〇五六

二〇五七　二〇五八

二〇五九

二〇六〇

二〇六一甲　二〇六一乙

二〇六二

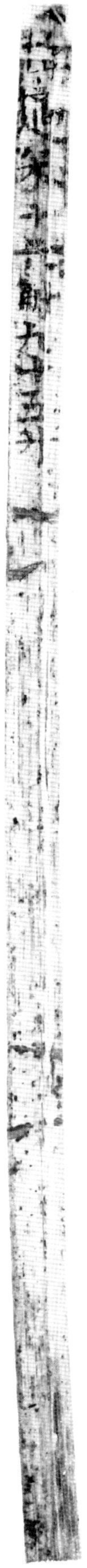

二〇六三

二〇六四

二〇六五

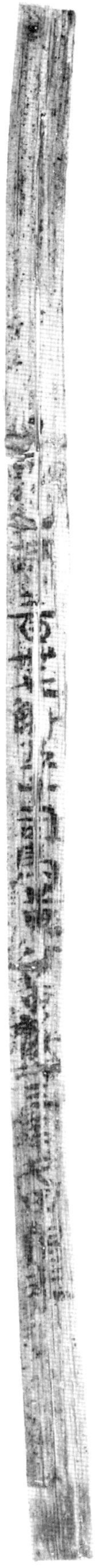

二〇六六

二〇六七

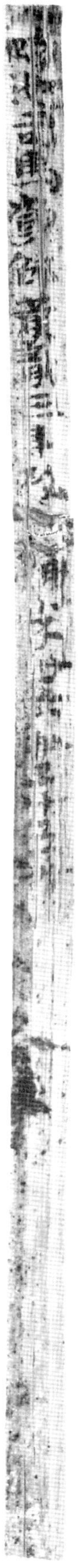

二〇六八

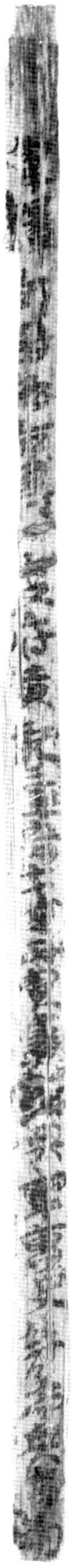

二〇六九

二〇七〇

二〇七一

二〇七二

二〇七三

二〇七四

二〇七五

二〇七六

二〇七七

二〇七八

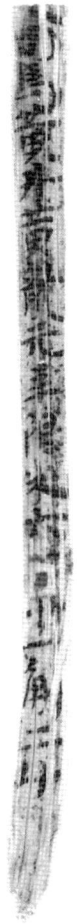

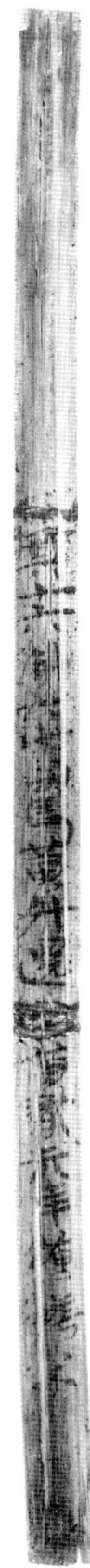

二〇七九

二〇八〇

二〇八一

二〇八二

二〇八三

二〇八四

二〇八五

二〇八六

二〇八七

二〇八八　二〇九一

二〇八九

二〇九〇

二〇九二

二〇九三

二〇九四

二〇九五

二〇九六

二〇九七

二〇九八　二〇九九

二一〇〇

二一〇一

二一〇二

二一〇三

二一〇四

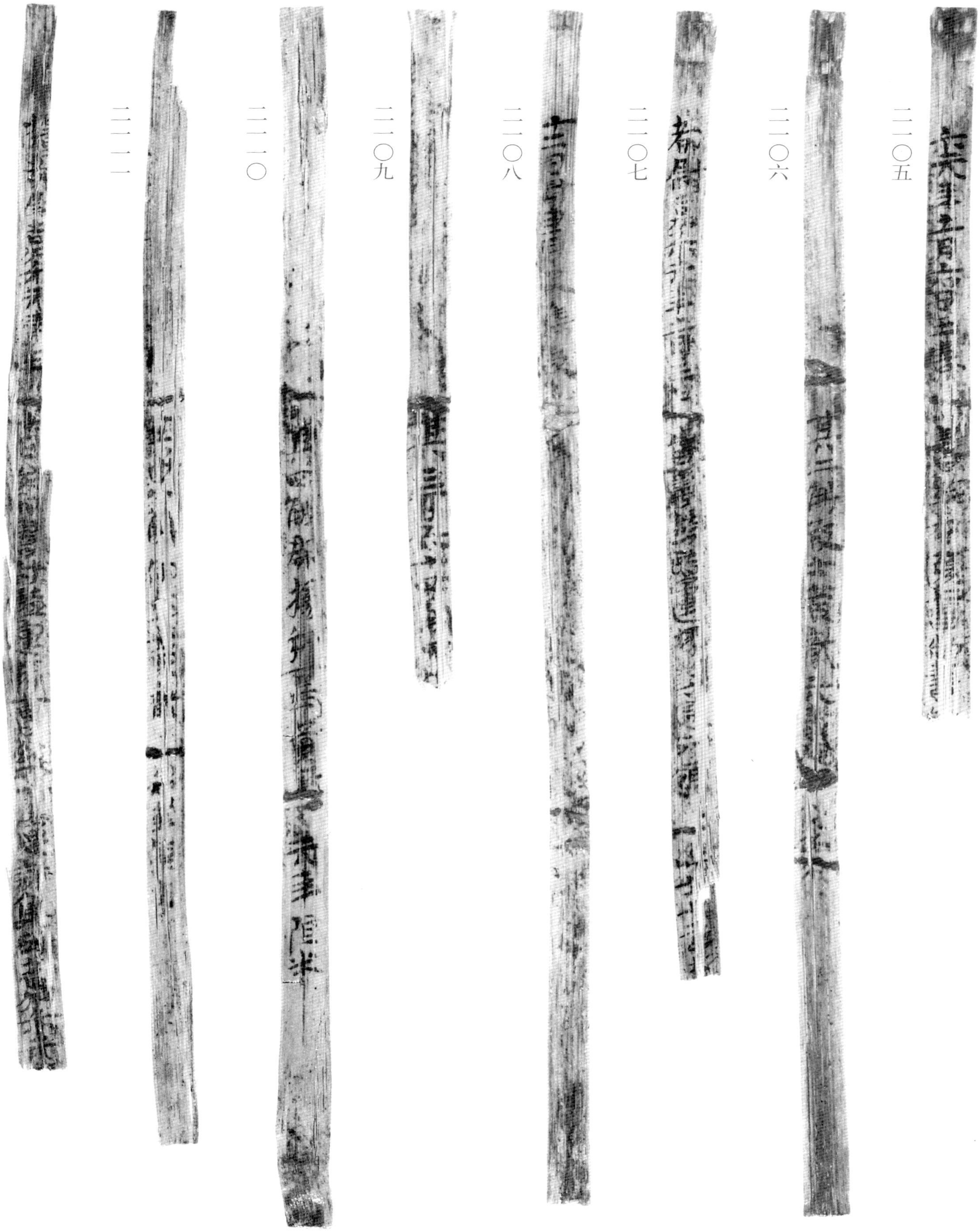

二二〇五
二二〇六
二二〇七
二二〇八
二二〇九
二二一〇
二二一一
二二一二

二一一三

二一一四

二一一五

二一一六

二一一七

二一一八

二一一九

二一二〇

二一二一

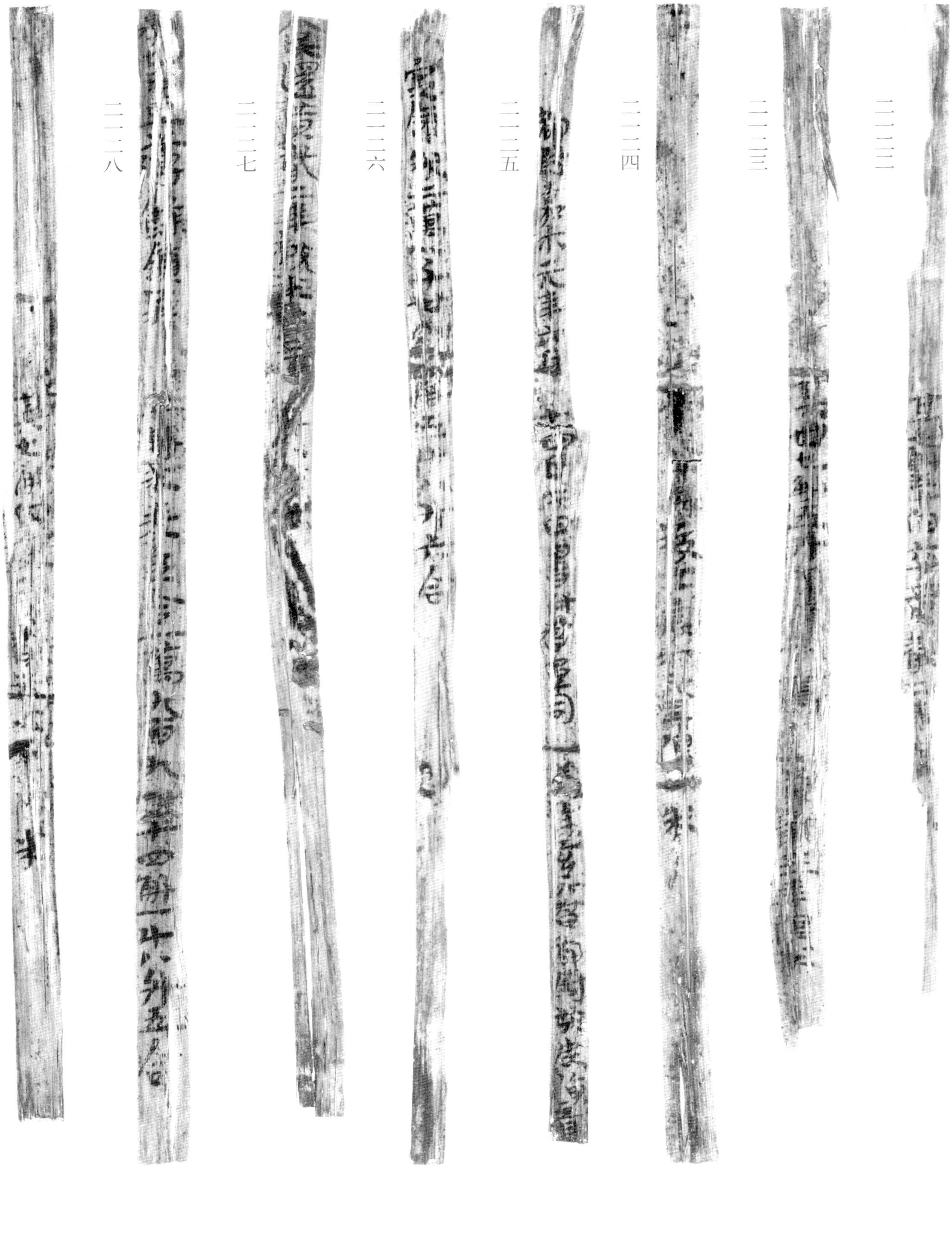

二一二二

二一二三

二一二四

二一二五

二一二六

二一二七

二一二八

二一二九

二一三〇
二一三一
二一三二
二一三三
二一三四
二一三五
二一三六
二一三七

二一三八

二一三九

二一四〇

二一四一

二一四二

二一四三　二一四四

二一四五

二一四六

二一四七

二一四八

二一四九

二一五〇

二一五一

二一五三

二一五二

二一五四

二一六二

二一六一

二一六〇

二一五九

二一五八

二一五七

二一五六

二一五五

二一六三　二一六四

二一六五

二一六六

二一六七

二一六八

二一六九

二一七〇

二一七一

二一七二

二一七三

二一七四

二一七五

二一七六

二一七七

二一七八

二一七九

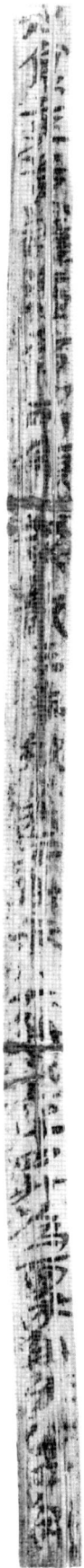

二一八〇　二一八二

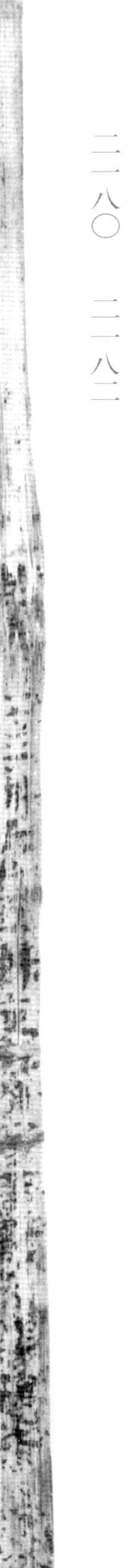

二一八一

二一八三

二一八四

二一八五

二一八六

二一八七

二一八八

二一八九

二一九〇

二一九一

二一九二

二一九三

二一九四

二一九五　二一九六

二一九七

二一九八

二一九九

二二〇〇　二二〇一

二二〇二　二二〇五

二二〇三　二二〇六

二二〇四

二二〇七　二二〇八

二二〇九　二二一〇

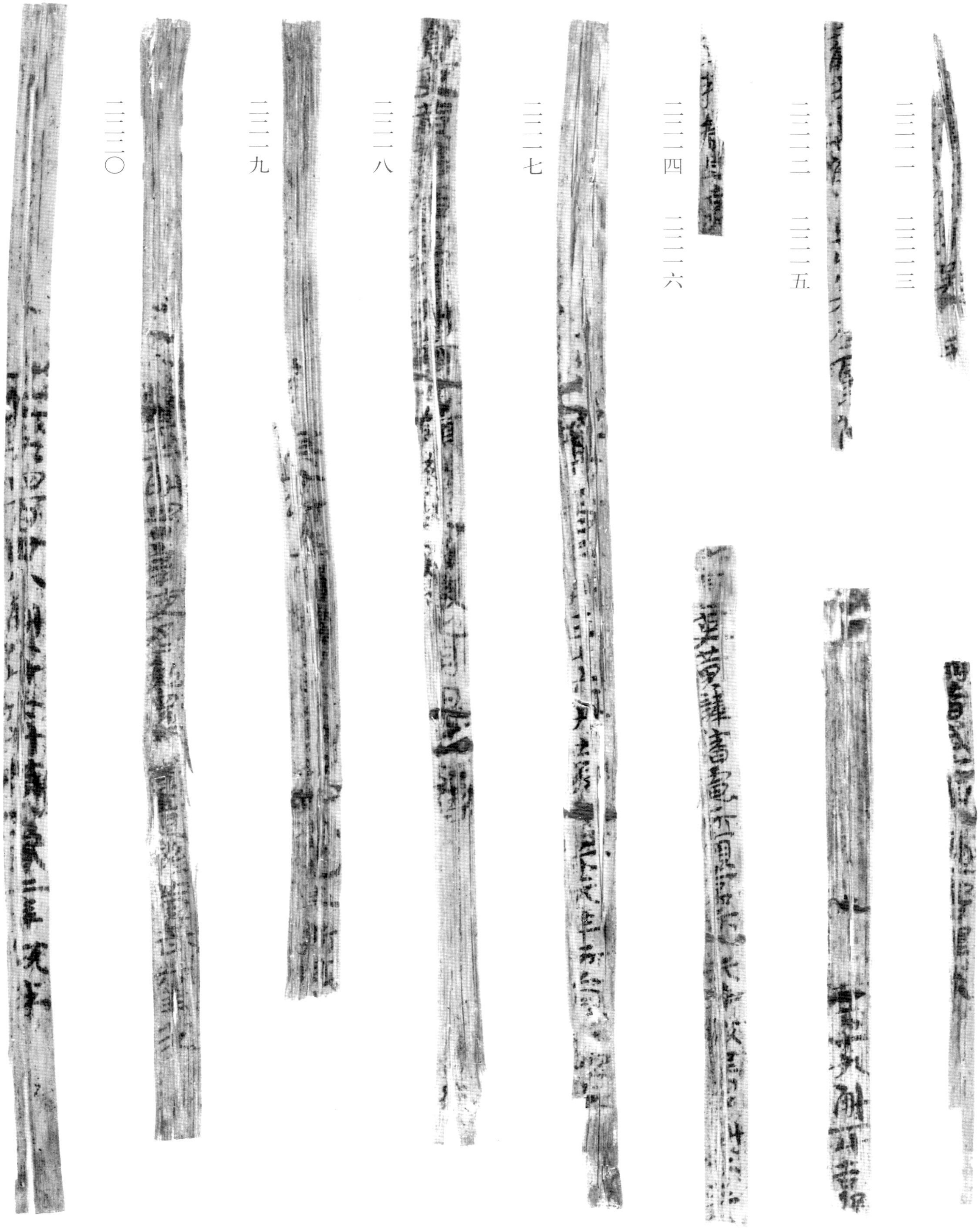

三二一一　三二一三　三二一二　三二一五　三二一四　三二一六　三二一七　三二一八　三二一九　三二二〇　三二二一

二二二二

二二二三 二二二八

二二二四

二二二五

二二二六

二二二七

二二二九

二二三〇

二二三八 二二三七 二二三六 二二三五 二二三四 二二三三 二二三二 二二三一

二二三九

二二四〇

二二四一

二二四二

二二四三

二二四四

二二四五

二二四六

二二四七

二二四八

二二四九

二二五〇

二二五一

二二五二

二二五三

二二五四

二二五五

二二五六　二二六一

二二五七

二二五八

二二五九

二二六〇

二二六二

二二六三

二二六四

二二六五

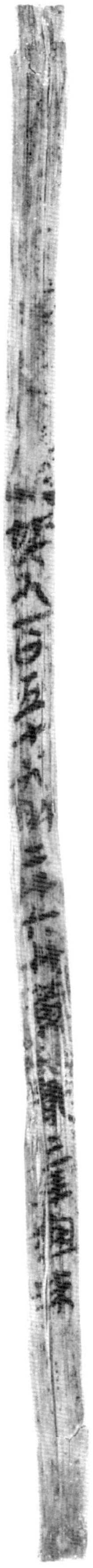

二二六六

二二六七

二二六八

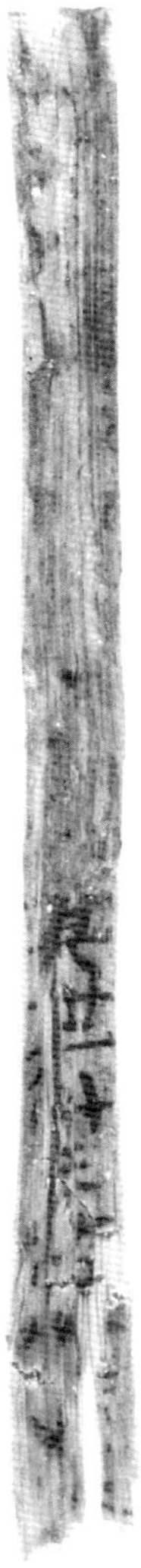

二二六九

二二七〇

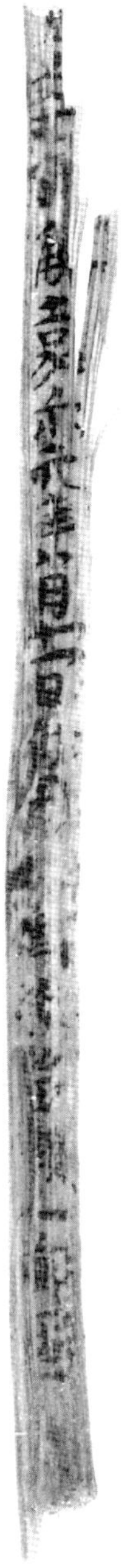

二二七一

二二七二

二二七三

二二七四

二二七五

二二七六

二二七七

二二七八

二二七九

二二八〇

二二八一

二二八二

二二八三

二二八四

二二八五

二二八六

二二八七

二二八八

二二八九

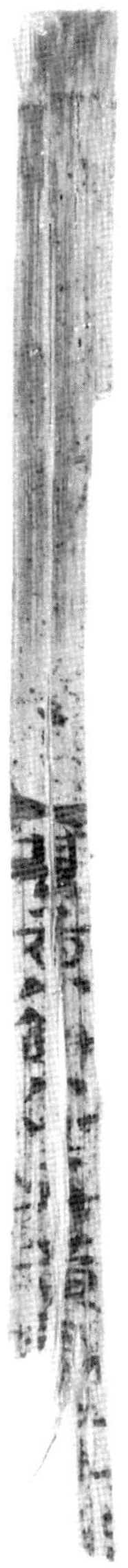

二二九〇

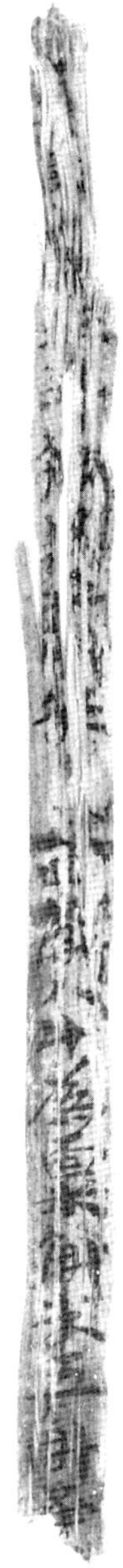

二二九一

二二九二

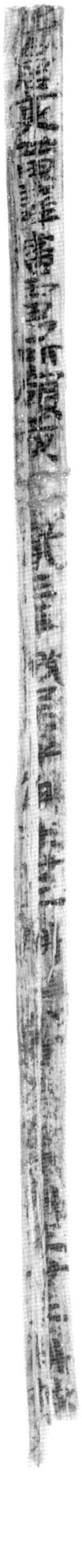

二二九三

二二九四

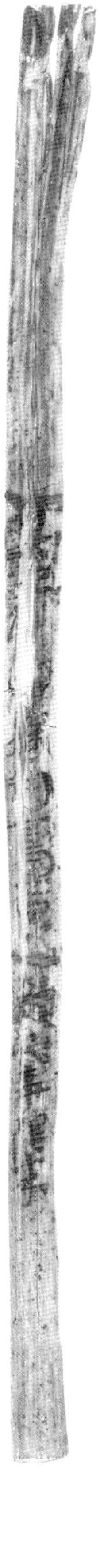

二二九五

二二九六

二二九七

二二九八

二二九九

二三〇〇

二三〇一

二三〇二

二三〇三

二三〇四 二三〇五 二三〇六 二三〇八 二三〇七 二三〇九 二三一〇 二三一一

二三一二

二三一三

二三一四

二三一五

二三一六

二三一七

二三一八

二三一九

二三二〇

二三二一

二三二二

二三二三

二三二四

二三二五

二三二七

二三二六

二三二八

二三二九

二三三〇

二三三一

二三三二

二三三三

二三三四

二三三五

二三三六

二三三七

二三三八

二三三九　二三四三

二三四四

二三四〇

二三四一

二三四二

二三四五

二三五三

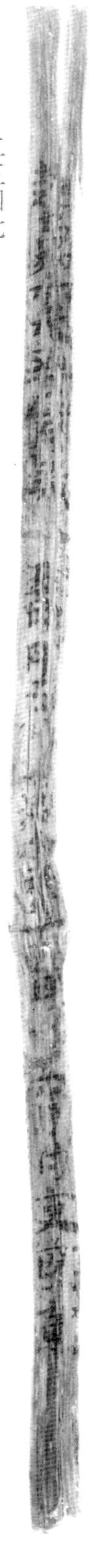

二三五二

二三五一

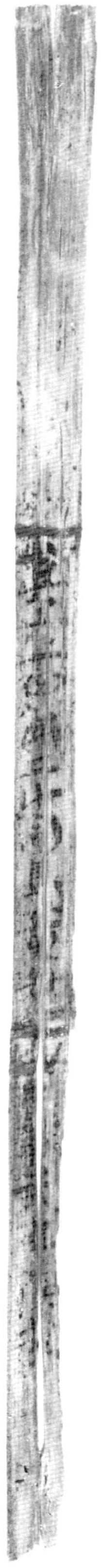

二三五〇

二三四九

二三四八

二三四七

二三四六

二三五四

二三五五

二三五六

二三五七

二三五八

二三五九

二三六〇

二三六一

二三六二

二三六七

二三六三

二三六四

二三六五

二三六六

二三六八

二三六九

二三七〇

二三七一　二三七五

二三七二　二三七八

二三七三　二三七四

二三七六　二三七七

二三七九　二三八〇

二三八一

二三八二

二三八三

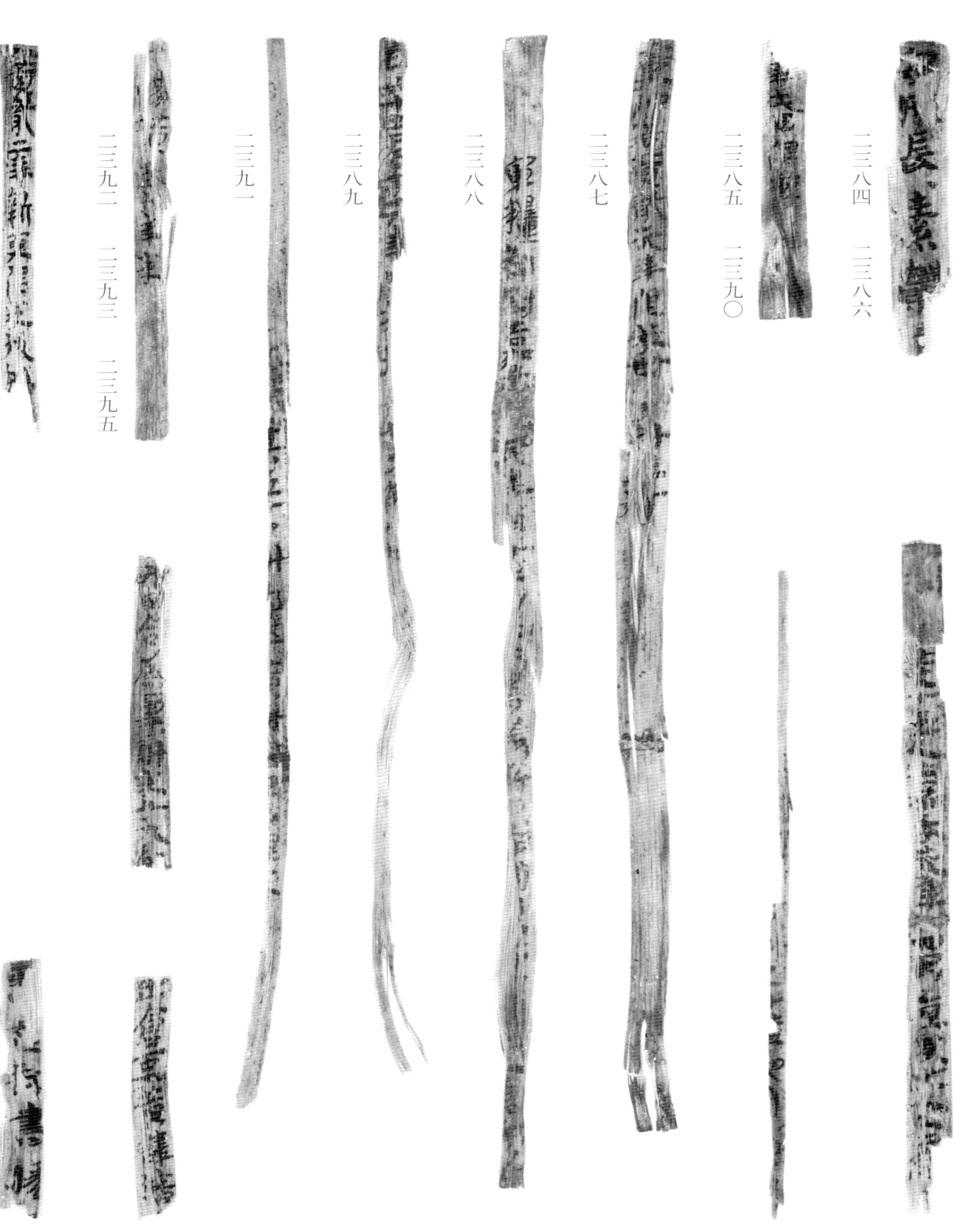

二三八四　二三八六

二三八五　二三九〇

二三八七

二三八八

二三八九

二三九一

二三九二　二三九三　二三九五

二三九四　二三九六

二三九七

二三九八

二三九九 二四〇一

二四〇〇

二四〇二

二四〇三

二四〇四

二四〇五

二四〇六

二四〇七　二四一〇

二四〇八　二四一二

二四〇九　二四一一

二四一三

二四一四

二四一五

二四一六

二四一七

二四一八　二四二一

二四一九　二四二〇

二四二二　二四二三

二四二四　二四二八

二四二六　二四二七

二四三〇　二四二九

二四二五　二四三一　二四三二

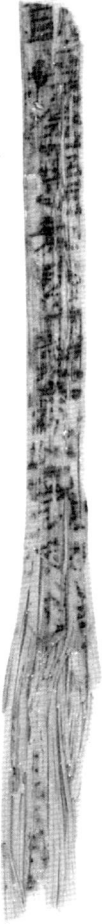

二四三三　二四三四

二四三五　二四三八

二四三六　二四四二

二四三七　二四三九　二四四〇　二四四一

二四四三　二四四四

二四四五　二四四七

二四四六　二四四八

二四四九　二四五〇

二四五一　二四五九

二四五二　二四五五

二四五四　二四五三

二四五六　二四五七　二四六二

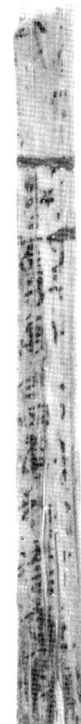

二四五八　二四六〇

二四六一　二四六三　二四六四

二四六五　二四六六　二四六七

二四六八　二四六九　二四七〇

二四七一　二四七二　二四七三

二四七四　二四七五　二四八三

二四七六　二四七七　二四七八

二四七九　二四八〇　二四八一　二四八八

二四八二　二四八四　二四八五

二四八六　二四八七　二四九〇

二四八九　二四九一　二四九二　二四九三

二四九四　二四九五　二四九六

二四九七　二四九八　二五〇〇

二五〇一　二五〇二　二五〇九

二五〇三　二五〇六

二五〇四　二五〇五　二五一一

二五〇七　二五一三

二五〇八　二五一二

二四九九　二五一〇　二五一五

二五一四　二五一六　二五一七

二五一八　二五一九　二五二二

二五二〇　二五二四　二五三八

二五二一　二五二七　二五三三

二五二五　二五二六　二五二九

二五二八　二五三六　二五三五

二五二三　二五三二　二五三一

二五三四　二五三〇

二五三七　二五三九

二五四〇 二五四一 二五四六

二五四二 二五四四 二五四七

二五四三 二五四五 二五五一

二五四九 二五五九

二五五三 二五五八

二五五〇 二五五二 二五五四

二五五五 二五五七

二五四八 二五五六 二五六〇

二五六一　二五六二　二五六五

二五六三　二五六四

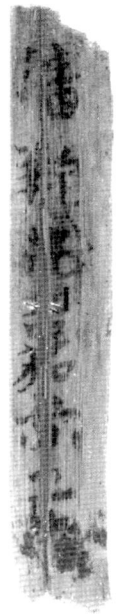

二五六六　二五六八　二五七〇

二五六七　二五七八

二五六九　二五七二　二五七三

二五七一　二五七五

二五七四　二五七六　二五七七

二五七九　二五八〇

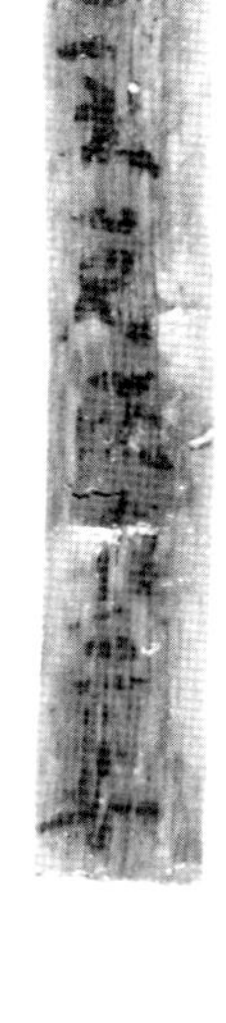

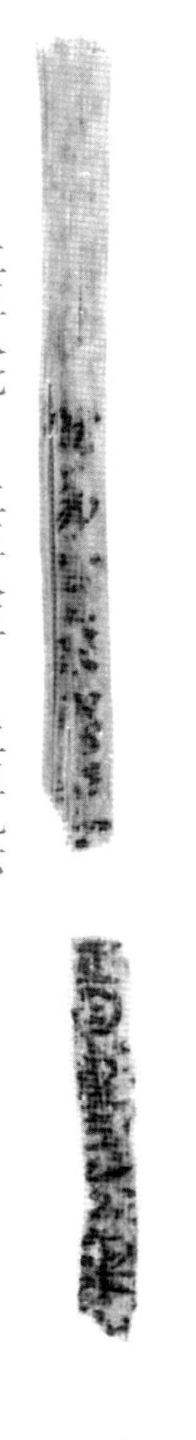

二五八一　二五八二　二六〇一

二五八四　二五八五　二五八六

二五八七　二五八三　二五九六

二五八八　二五八九　二五九〇　二五九七

二五九一　二五九二　二五九三　二五九四

二五九五　二五九八　二六〇〇

二五九九　二六〇二　二六〇三

二六〇四　二六〇五

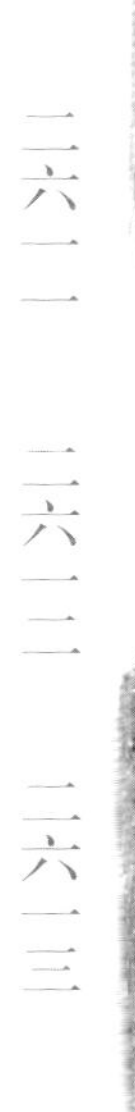

二六〇六　二六〇八　二六〇九　二六一〇

二六一一　二六一二　二六一三

二六一四　二六一五　二六一六　二六二一

二六一七　二六一八　二六〇七

二六二二　二六二四　二六二三

二六一九　二六二六

二六二〇　二六二五　二六二八

二六二七　二六二九

二六三〇 二六三一 二六三二 二六四九

二六三三 二六三四 二六三五

二六三六 二六三七 二六三八

二六三九 二六四〇 二六四一 二六四三

二六四二 二六四四 二六四五

二六四六 二六四七

二六四八 二六五三 二六五二

二六五〇 二六五一 二六五四 二六五五

二六五六 二六五七

二六六七 二六六八 二六七三

二六五八 二六六〇

二六五九 二六六九 二六七一

二六七〇 二六七四

二六六二 二六六三 二六六六 二六七六

二六六四 二六七二 二六七五

二六六一 二六六五 二六七七

二六七八 二六七九 二六八二

二六八一 二六八〇

二六八三 二六八四 二六九〇

二六八六 二六八七

二六八八 二六八九

二六八五 二六九一 二六九三

二六九二 二六九四

二六九五 二六九六 二六九七

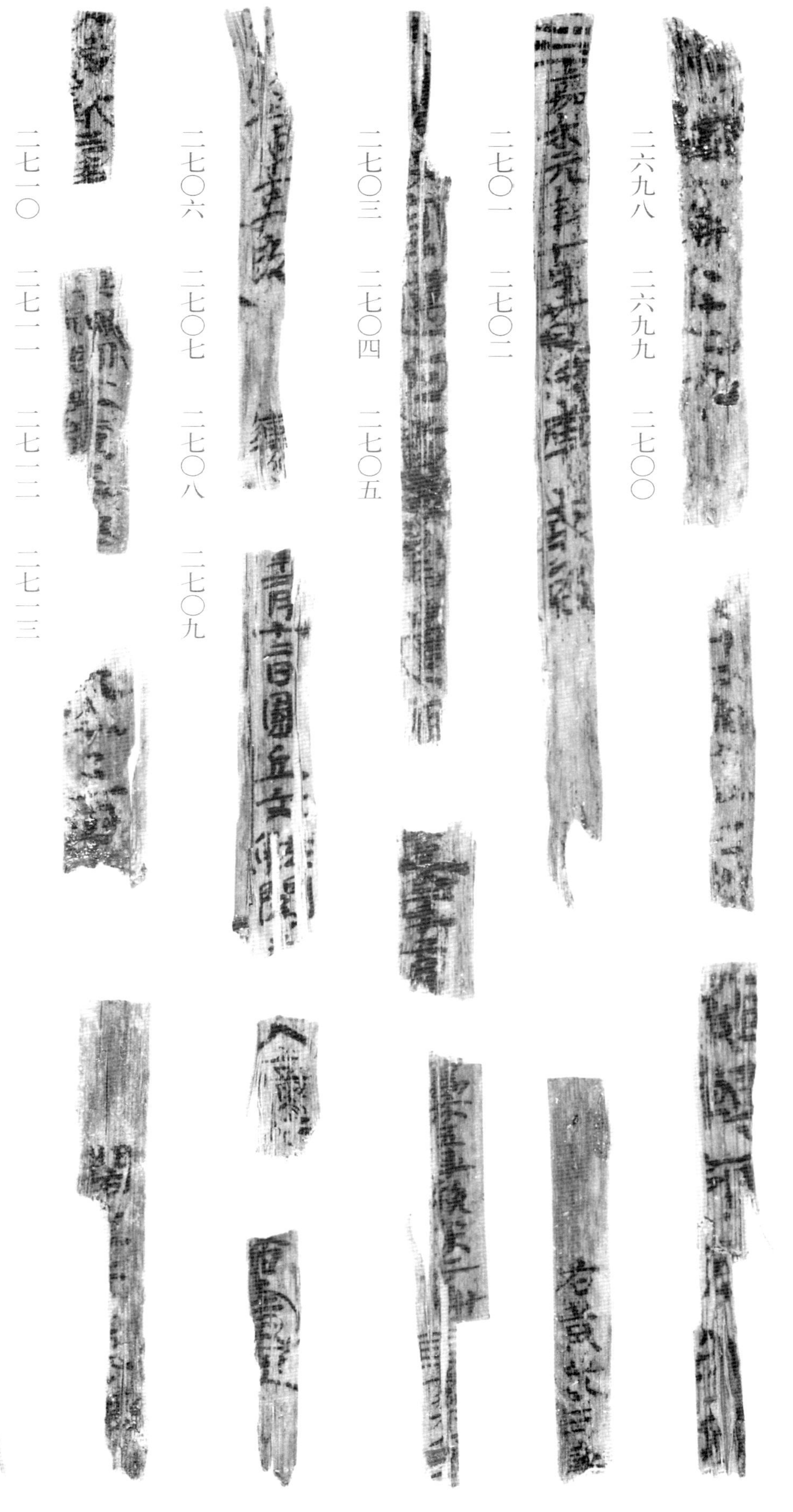

二六九八 二六九九 二七〇〇

二七〇一 二七〇二

二七〇三 二七〇四 二七〇五

二七〇六 二七〇七 二七〇八 二七〇九

二七一〇 二七一一 二七一二 二七一三

二七一四 二七一五 二七一六

二七一七 二七一八 二七一九 二七二〇

二七二一 二七二二 二七二三

二七二四　二七四〇

二七二六　二七二七

二七二八　二七三〇

二七二九　二七三二

二七三一　二七三五

二七三七　二七三八

二七二五　二七三六　二七三九

二七三三　二七三四　二七四一

二七四二 二七四三 二七五八

二七四五 二七四八

二七四四 二七四九 二七五〇 二七五三

二七四六 二七五一

二七五二 二七四七

二七五四 二七五九

二七五六 二七五七

二七五五 二七六〇

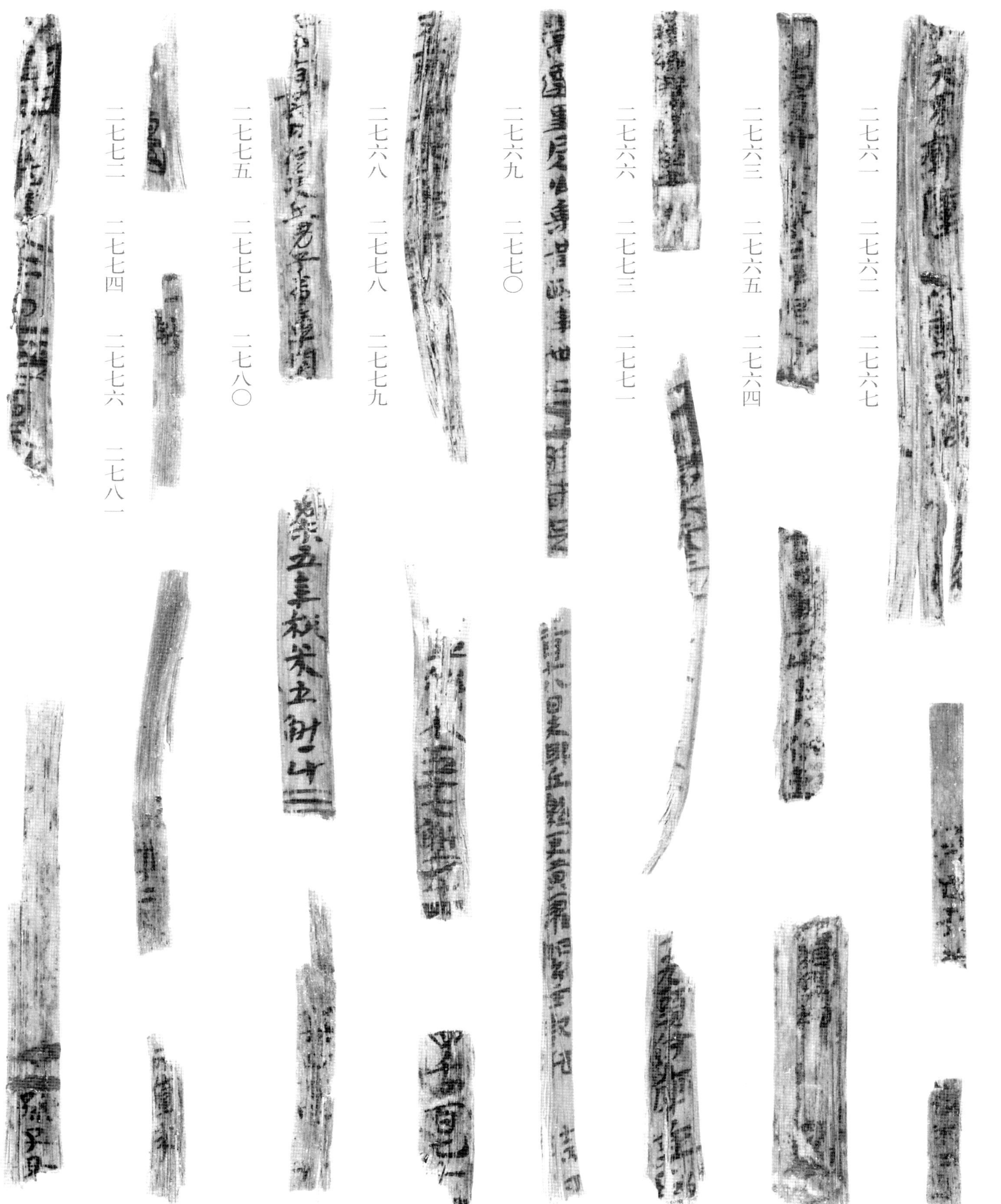

二七六一　二七六二　二七六七
二七六三　二七六五　二七六四
二七六六　二七七三　二七七一
二七六九　二七七〇
二七六八　二七七八　二七七九
二七七五　二七七七　二七八〇
二七七二　二七七四　二七七六　二七八一
二七八二　二七八三

二七八四　二七八五

二七八六　二七八七　二七八八　二七九七

二七九〇　二七九一　二七九二　二七九三

二七九四　二七九五　二七八九

二七九六　二七九八

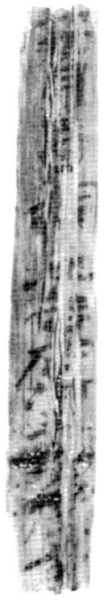

二七九九　二八〇一

二八〇〇　二八〇二

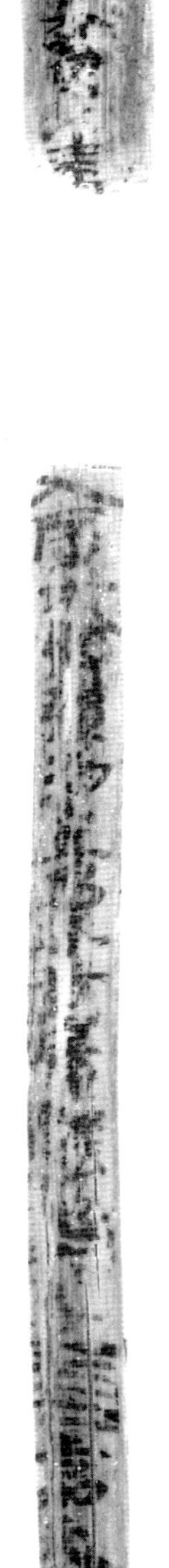

二八〇三　二八〇四

二八〇五

二八〇八　二八一四

二八〇六　二八〇九

二八一〇　二八一三

二八一一

二八〇七　二八一五

二八一二　二八一六　二八一七

二八一八

二八一九

二八二〇　二八二五

二八二一

二八二二

二八二四

二八二六

二八二三　二八二七

二八二八

二八二九　二八三〇

二八三三　二八三四　二八三八

二八三七　二八四〇

二八三五　二八三九　二八四二

二八三六

二八三一

二八三二　二八四一

二八四三

二八四四

二八四五

二八四六

二八四七

二八四八

二八四九

二八五〇

二八五一

二八五二

二八五三

二八五四

二八五五

二八五六
二八五七
二八五八
二八五九
二八六〇
二八六一
二八六二
二八六三

二八六四

二八六五

二八六六

二八六七

二八六八

二八六九

二八七〇

二八七一

二八七二

二八七三

二八七四

二八七五

二八七六

二八七九 二八七七

二八七八

二八八〇

二八八一　二八八二　二八八三　二八八四　二八八五　二八八六　二八八七　二八八八

二八八九　二八九〇

二八九一

二八九二

二八九三

二八九四

二八九五

二八九六

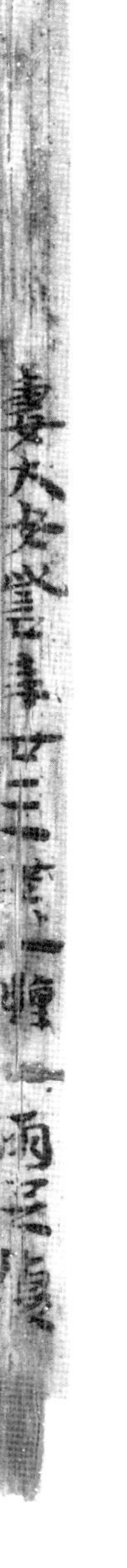

二八九七

二八九八　二八九九　二九〇〇　二九〇一　二九〇二　二九〇三　二九〇四　二九〇五　二九〇六

長沙走馬樓三國吴簡·竹簡〔壹〕　圖版（二八九八——二九〇六）

二九〇七

二九〇八

二九〇九

二九一〇

二九一一

二九一二

二九一三

二九一四

二九一五 二九一六 二九一七 二九一八 二九一九 二九二〇 二九二一 二九二二

二九二三
二九二四
二九二五
二九二六
二九二七
二九二八
二九二九
二九三〇

二九三一
二九三二
二九三三
二九三四
二九三五
二九三六
二九三七
二九三八

二九三九

二九四〇

二九四一

二九四二

二九四三

二九四四

二九四五

二九四六

二九五四

二九五三

二九五二

二九五一

二九五〇

二九四九

二九四八

二九四七

二九五五
二九五六
二九五七
二九五八
二九五九
二九六〇　二九六二
二九六一
二九六三

二九六四 二九六五 二九七〇 二九六六 二九六七 二九六八 二九六九 二九七一 二九七二 二九七三

二九七四
二九七五
二九七六
二九七七
二九七八
二九七九
二九八〇
二九八一

二九八二

二九八三

二九八四

二九八五　二九八六

二九八七

二九八八

二九八九

二九九〇

二九九一

二九九二

二九九三

二九九四

二九九五

二九九六

二九九七

二九九八

二九九九

三〇〇〇

三〇〇一

三〇〇二

三〇〇三

三〇〇四

三〇〇五

三〇〇六

三〇〇七

三〇〇八

三〇〇九

三〇一〇

三〇一一

三〇一二

三〇一三

三〇一四

三〇一五 三〇一六 三〇一七 三〇一八 三〇一九 三〇二〇 三〇二一 三〇二二

三〇二三

三〇二四

三〇二五

三〇二六

三〇二七

三〇二九

三〇三〇

三〇二八　三〇三一

三〇三二　三〇三八

三〇三三

三〇三四

三〇三五

三〇三六

三〇三七

三〇三九

三〇四〇

三〇四一
三〇四二
三〇四三 三〇四四
三〇四五
三〇四六
三〇四七
三〇四八 三〇四九
三〇五〇

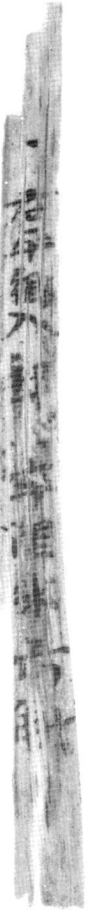

三〇五一

三〇五二

三〇五三

三〇五四

三〇五五

三〇五八

三〇五六

三〇五七

三〇五九

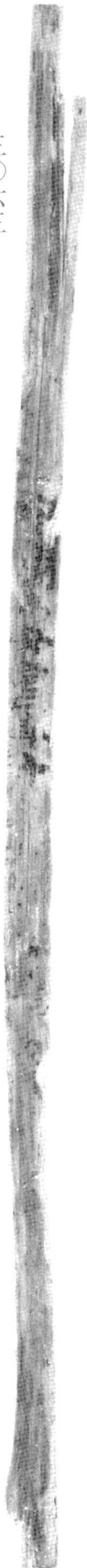

三〇六〇
三〇六一
三〇六二
三〇六三
三〇六四
三〇六五
三〇六六
三〇六七

三〇六八

三〇六九

三〇七〇

三〇七一

三〇七二

三〇七三

三〇七四

三〇七五

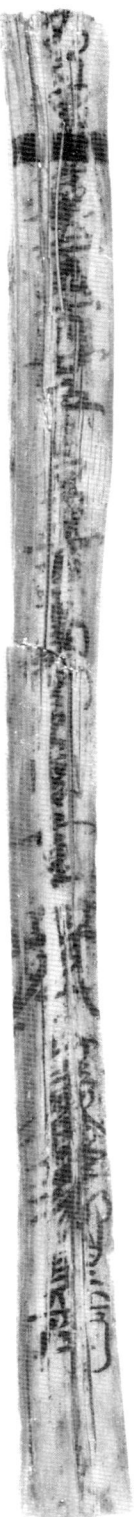

三〇七六

三〇七七

三〇七八

三〇七九

三〇八〇

三〇八一

三〇八二

三〇八三

三〇八四

三〇八五

三〇八六

三〇八七

三〇八八

三〇八九

三〇九〇

三〇九一

三〇九二

三〇九三

三〇九四

三〇九五

三〇九六

三〇九七

三〇九八

三〇九九

三一〇〇

三一〇一

三一〇二

三一〇三

三一〇四

三一〇五

三一〇六

三一〇七

三二〇八
三二〇九
三二一〇
三二一一
三二一二
三二一四
三二一三
三二一五

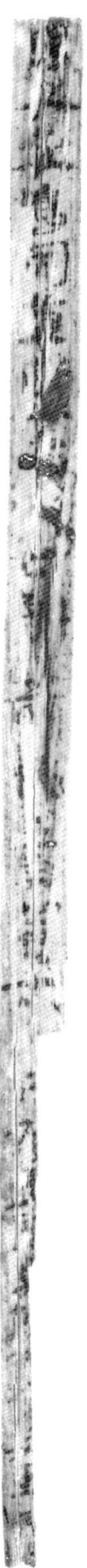

三二一六

三二一七

三二一八

三二一九

三二二〇

三二二一

三二二二

三二二三

三一二四
三一二五
三一二六
三一二七
三一二八
三一二九
三一三〇
三一三一
三一三二

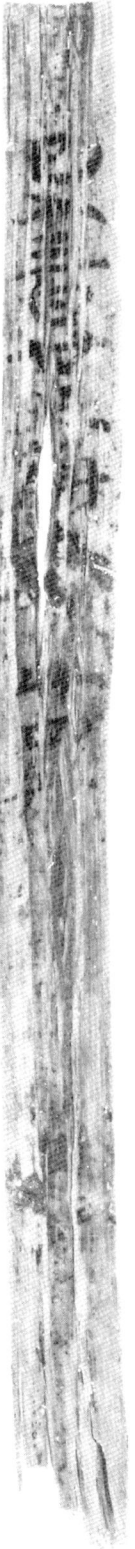

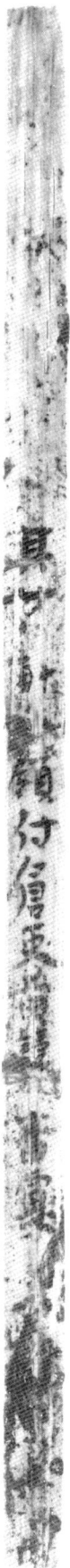

三一三二 三一三三 三一三四 三一三五 三一三六 三一三七 三一三八 三一三九

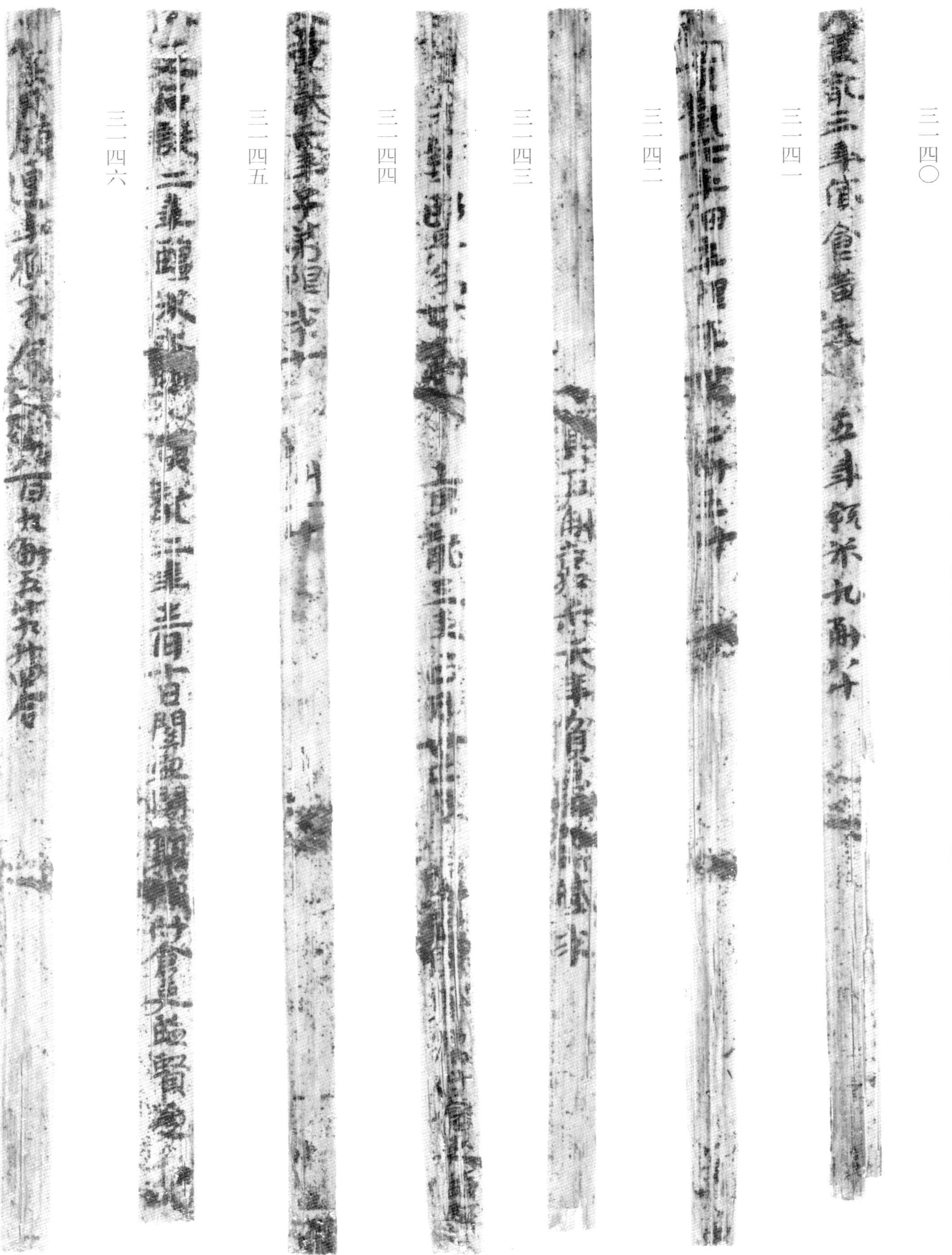
三一四〇
三一四一
三一四二
三一四三
三一四四
三一四五
三一四六
三一四七

三一四八
三一四九
三一五〇
三一五一
三一五二
三一五三
三一五四
三一五五

三一五六

三一五七

三一五八

三一五九

三一六〇

三一六一

三一六二

三一六三

三一六四

三一六五

三一六六

三一六七

三一六八

三一六九

三一七〇

三一七一

三一七二
三一七三
三一七四
三一七五
三一七六
三一七七
三一七八
三一七九
三一八〇

三一八八 三一八七 三一八六 三一八五 三一八四 三一八三 三一八二 三一八一

三一八九

三一九〇

三一九一

三一九二

三一九三

三一九四

三一九五

三一九六

三一九七
三一九八　三二〇三
三一九九　三二〇五
三二〇〇
三二〇一
三二〇二
三二〇六　三二〇四
三二〇七

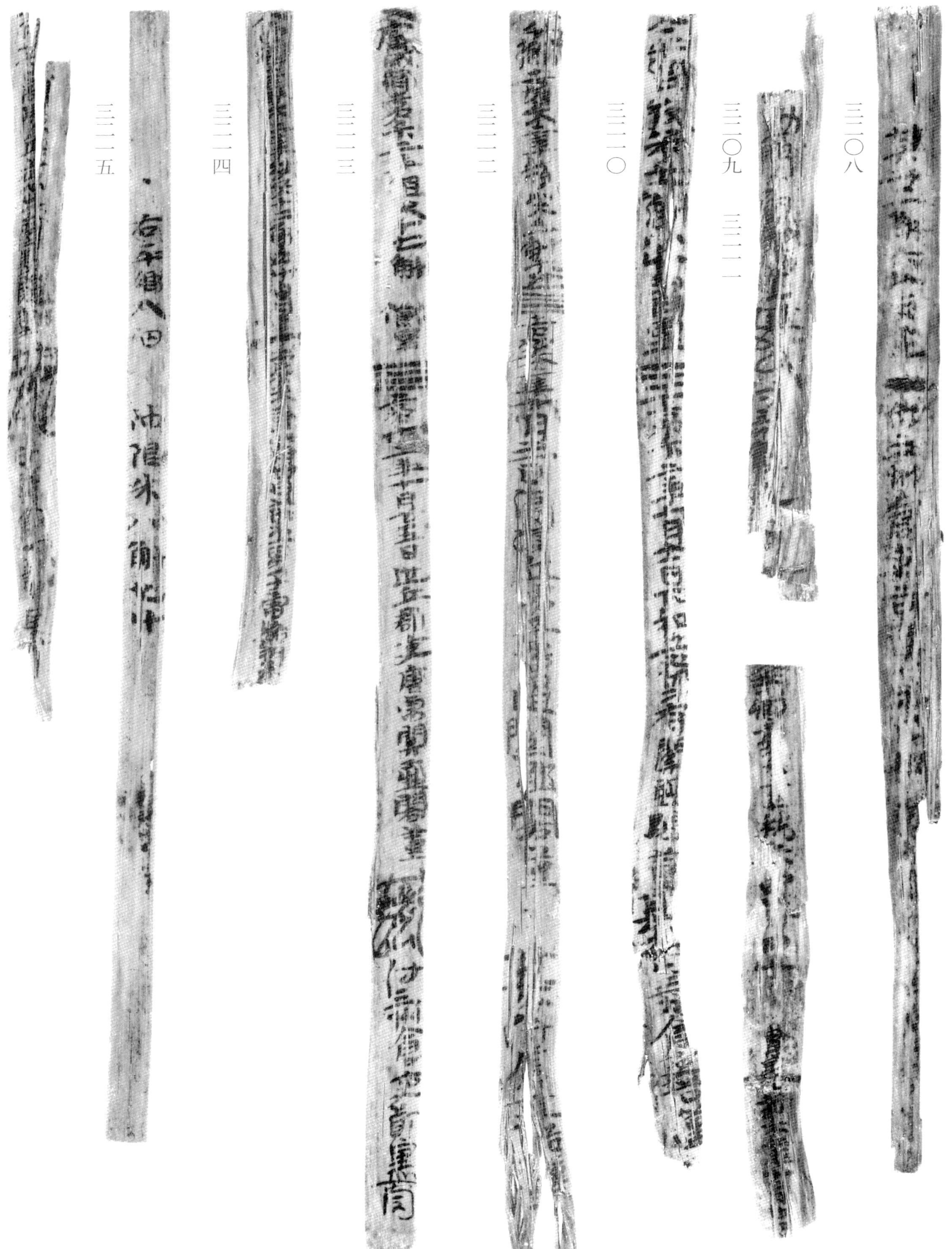

三三〇八

三三〇九　三三一一

三三一〇

三三一二

三三一三

三三一四

三三一五

三三一六

三二一七 三二二四

三二一八

三二一九

三二二〇

三二二一

三二二二

三二二三

三二二五

三二二六　三二三〇

三二二七　三二三一

三二二八　三二二九

三二三二

三二三三

三二三四

三二三五

三二三六　三二三七

三二三八

三二三九　三二四三

三二四〇

三二四一

三二四二

三二四四

三二四五

三二四六

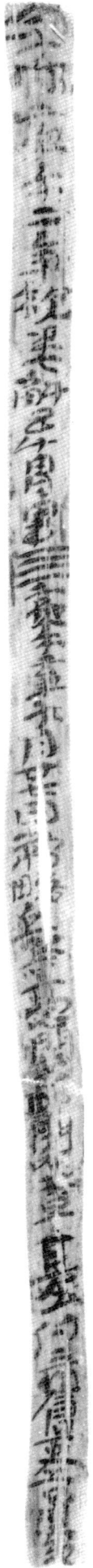

三二四七 三二四八 三二四九 三二五〇 三二五一 三二五二 三二五三 三二五四 三二五五 三二五六

三二五七
三二五八
三二五九　三二六三
三二六〇
三二六一
三二六二
三二六四
三二六五

三二六六

三二六七

三二六八

三二六九

三二七〇

三二七一

三二七二

三二七三

三二七四　三二七五　三二七六　三二七七　三二七八　三二七九　三二八〇　三二八一

三二八二

三二八三

三二八四

三二八五

三二八六

三二八七

三二八八

三二八九

三二九〇

三二九一

三二九二

三二九三

三二九四

三二九五

三二九六

三二九七

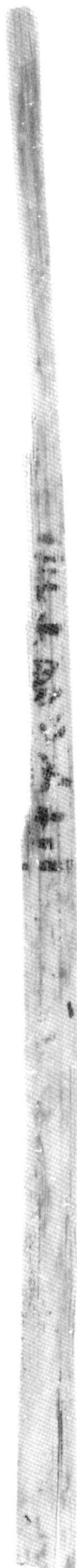

三二九八

三二九九

三三〇〇　三三〇三

三三〇一

三三〇二

三三〇四

三三〇五

三三〇六

三三〇七

三三〇八

三三〇九

三三一〇

三三一二

三三一三

三三一一

三三一四

三三一五

三三一六

三三一七

三三一八

三三一九

三三二〇

三三二一

三三二二

三三二三

三三二四

三三二五

三三二六

三三二七

三三二八

三三二九

三三三〇

三三三一

三三三二
三三三三
三三三四
三三三五
三三三六
三三三七
三三三八
三三三九
三三四〇
三三四一

三三四二

三三四三

三三四四

三三四五

三三四六

三三四七

三三四八

三三四九

三三五〇

三三五一

三三五二

三三五三

三三五四

三三五五

三三五六

三三五七

三三五八　三三六四

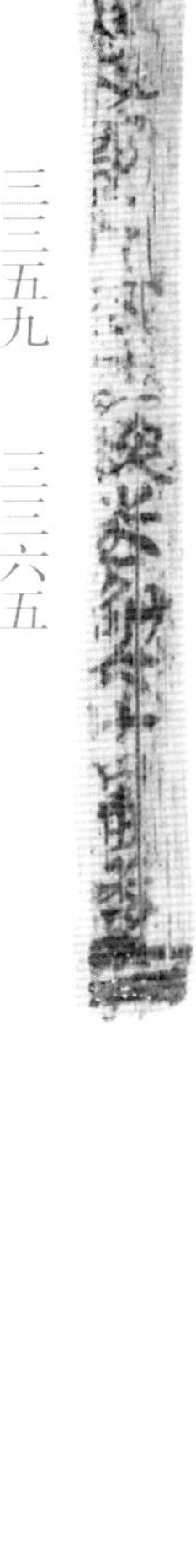

三三五九　三三六五

三三六〇

三三六一　三三六六

三三六二

三三六三

三三六七

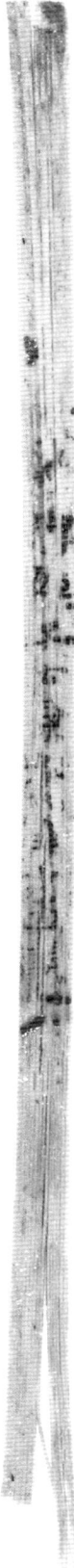

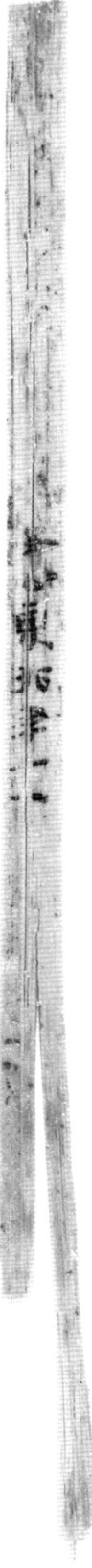

三三六八

三三六九

三三七〇

三三七一

三三七二

三三七三

三三七四

三三七五

三三七六

三三七七

三三七八

三三七九

三三八〇

三三八一

三三八二

三三八三

三三八四

三三八五

三三八六

三三八七

三三八八

三三八九

三三九〇

三三九一

三三九二

三三九三

三三九四

三三九五

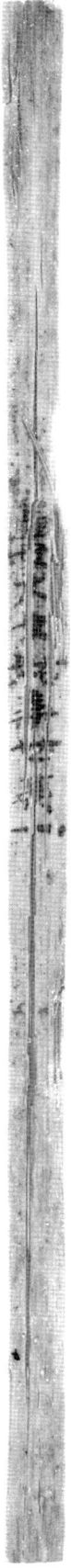

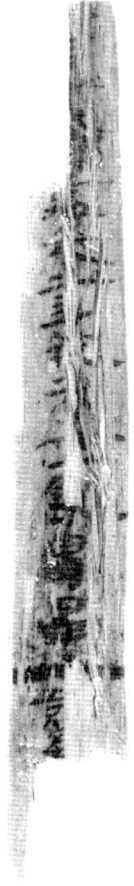

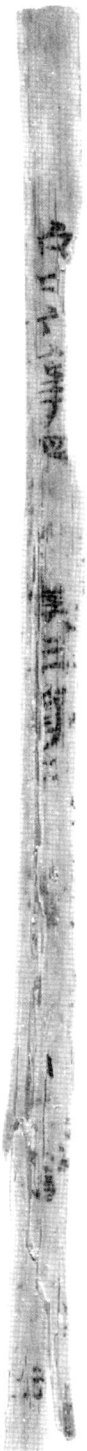

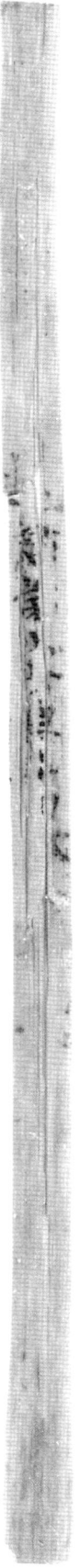

三三九六

三三九七

三三九八

三三九九

三四〇〇

三四〇一

三四〇二

三四〇三

三四〇四

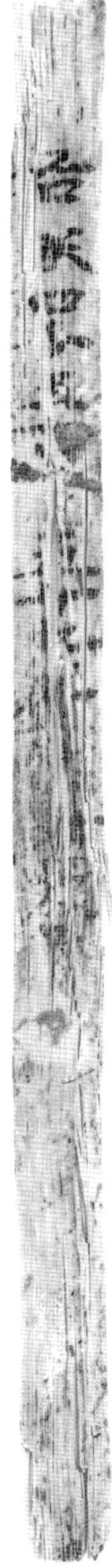

三四〇五 三四〇六 三四〇七

三四〇八 三四〇九

三四一〇

三四一一

三四一二 三四一三

三四一四

三四一五

三四一六　三四一七

三四一九　三四二二　三四二六

三四二〇

三四二一　三四二三　三四二四

三四一八　三四二五

三四二七

三四二八

三四二九　三四三〇

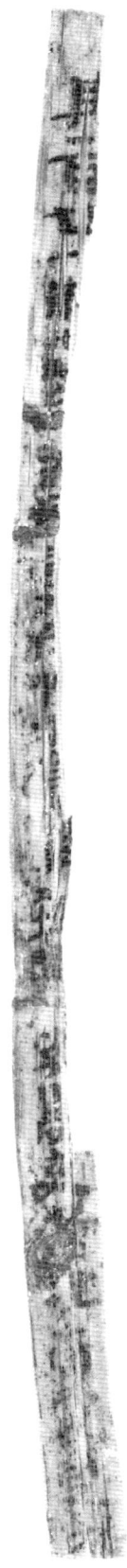

三四三一　三四三三

三四三二

三四三四　三四三七

三四三五　三四三八

三四三六

三四三九　三四四〇

三四四一　三四四二

三四四三　三四四四

三四四五　三四四七

三四四八　三四四九

三四四六　三四五〇

三四五一　三四五三

三四五二　三四五八

三四五六　三四五四

三四五五　三四五七

三四五九　三四六〇　三四六一

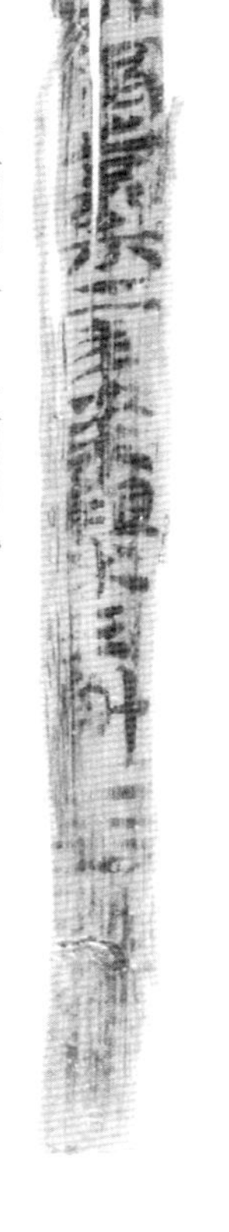
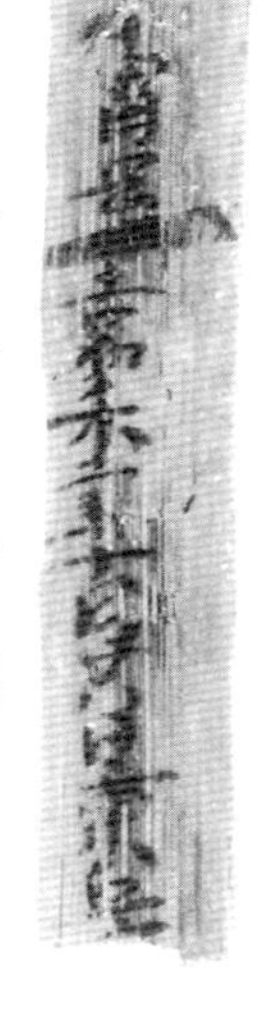
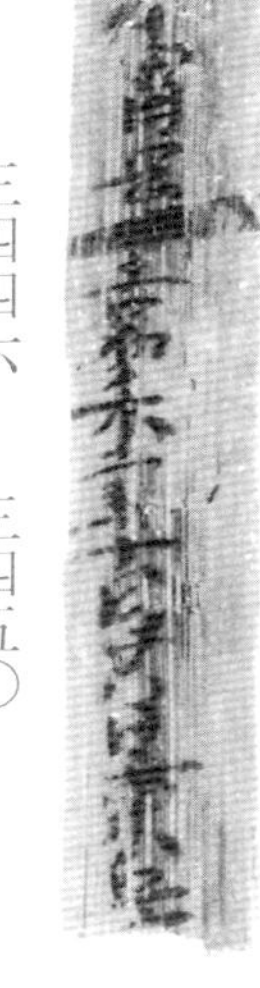

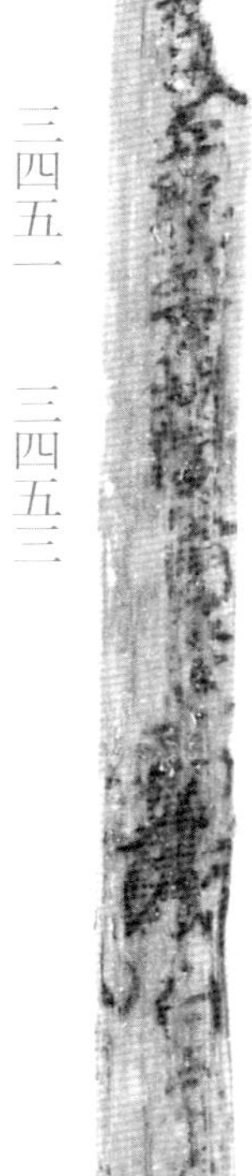

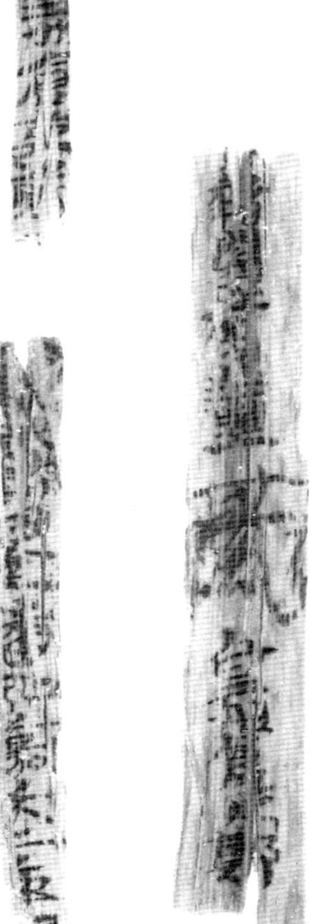

三四六二　三四六三

三四六四　三四六五　三四七六　三四六六

三四六七

三四六八

三四六九　三四七〇　三四七七

三四七二　三四七三　三四八〇

三四七一　三四七九　三四七五　三四八一

三四七四　三四七八　三四八二

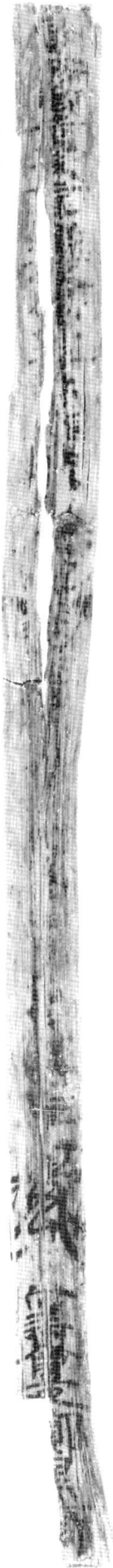

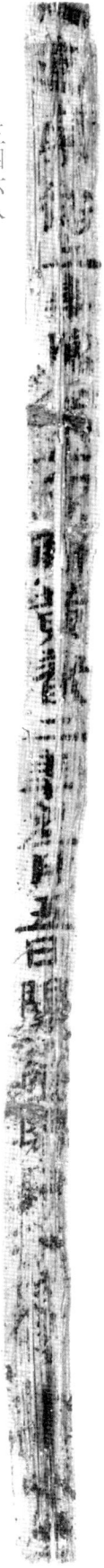

三四八三　三四八六　三四八七

三四八五

三四八四　三四八九

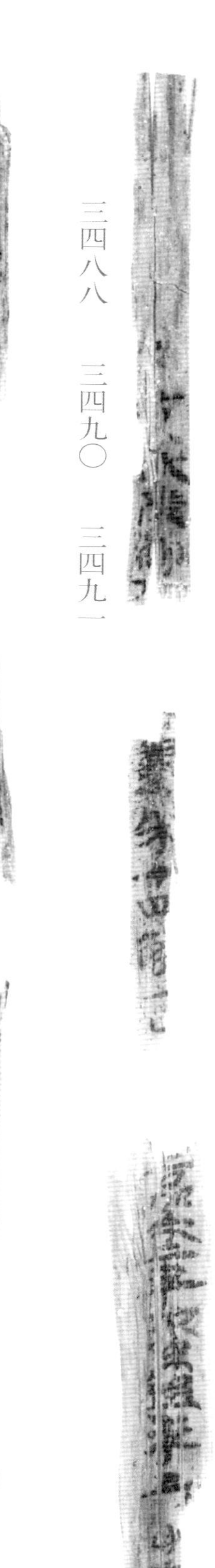

三四八八　三四九〇　三四九一

三四九二　三四九三　三四九四

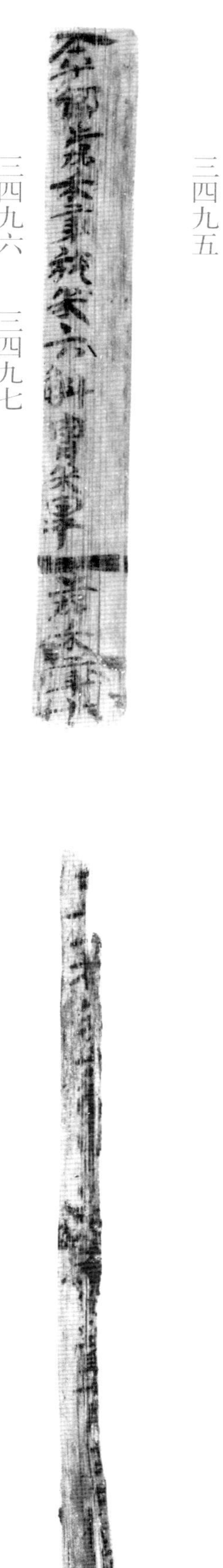

三四九五

三四九六　三四九七

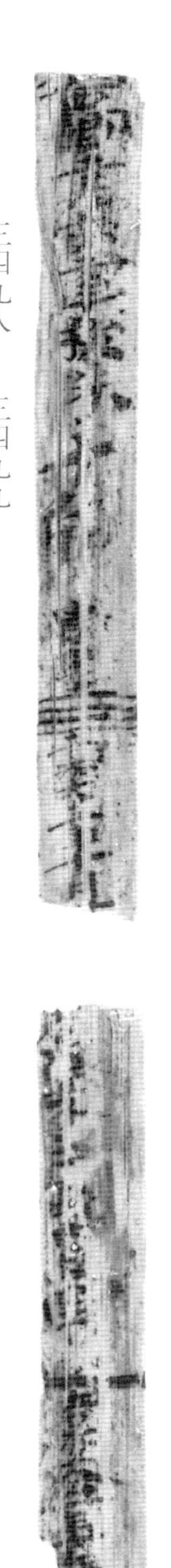

三四九八　三四九九

三五〇〇
三五〇一　三五〇二
三五〇三　三五〇四
三五〇六　三五〇七
三五〇五　三五一一
三五〇九　三五一〇
三五〇八　三五一一
三五一三　三五一四

三五一五 三五一七

三五一六 三五一八

三五一九 三五二〇

三五二一 三五二二 三五二三

三五二四 三五二八

三五二九 三五三〇

三五二七 三五三一

三五二五 三五二六 三五三二

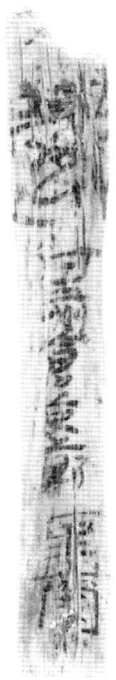

三五三三 三五三四 三五三七

三五三五 三五三六 三五三八

三五三九 三五四〇

三五四一 三五四三

三五四二 三五四五 三五四六

三五四四 三五四九

三五四七 三五四八 三五五二

三五五〇 三五五一 三五五三 三五五四

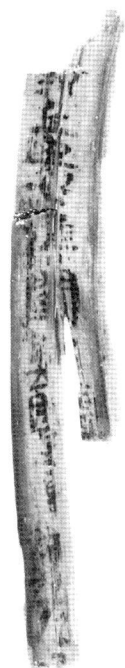

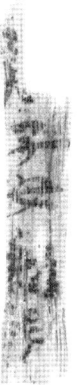

三五五五　三五五七　三五六二

三五五六　三五六一

三五六三

三五六四　三五六六

三五六五

三五五八　三五六七

三五五九　三五六八

三五六〇　三五六九

三五七〇
三五七一　三五七二
三五七三　三五七五　三五七九
三五七四　三五七六　三五七七　三五七八
三五八〇　三五八二　三五八四
三五八一　三五八五
三五八三　三五八六
三五八七　三五八八

三五八九　三六〇二

三五九〇　三五九四

三五九一　三五九二

三五九三　三五九五

三五九七　三五九八　三五九九

三五九六　三六〇〇　三六〇一

三六〇三　三六〇四

三六〇五　三六〇六

三六〇七 三六〇八 三六二五

三六〇九 三六一〇 三六一一

三六一三 三六一四 三六一五 三六一六

三六一七 三六一八 三六一九 三六二〇

三六二一 三六二二 三六二九

三六二四 三六二六 三六二七

三六二三 三六二八

三六一二 三六三〇 三六三一 三六三二

三六三三 三六三四 三六三五 三六三六

三六三七 三六三八 三六三九 三六四〇

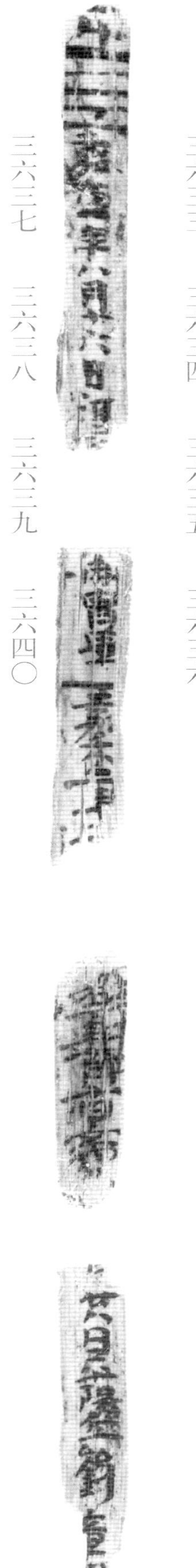

三六四一 三六四三 三六四四 三六四九

三六四二 三六四六

三六四五 三六四八 三六五六 三六五一

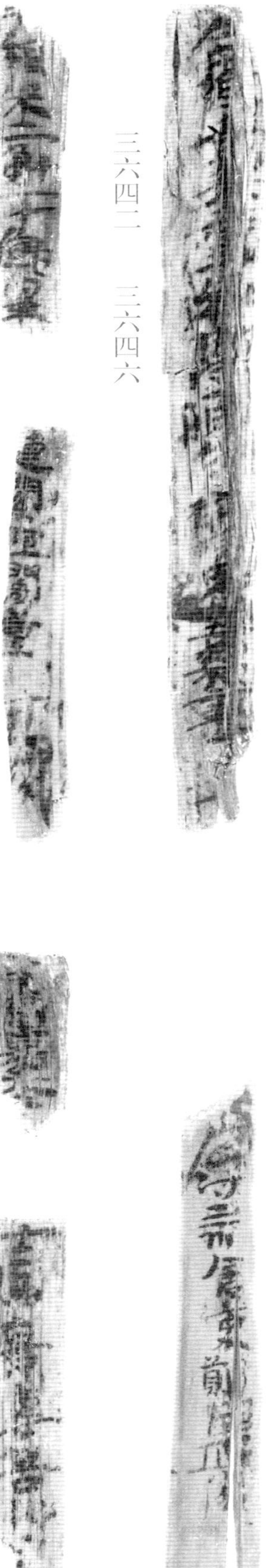

三六四七 三六五〇 三六五二 三六五三

三六五四 三六五五

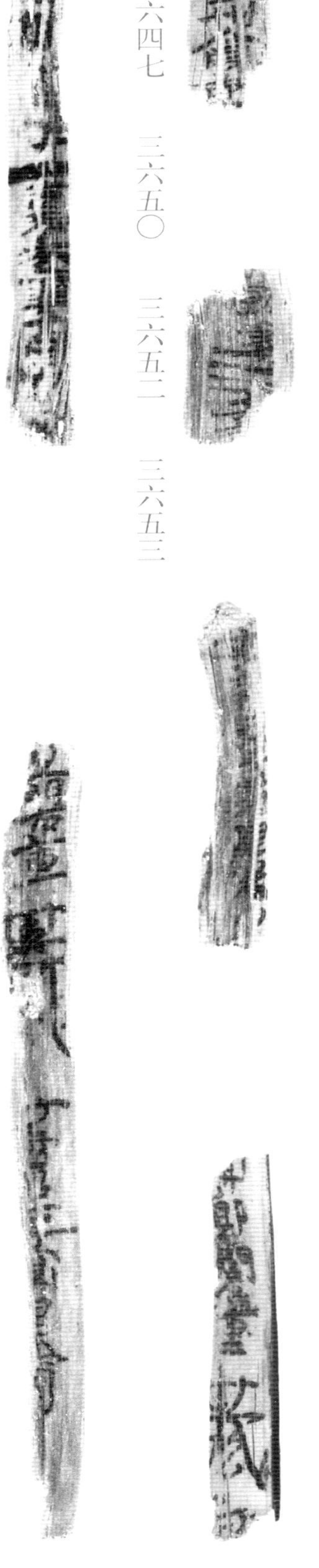

三六五七 三六五八 三六五九

三六六〇 三六六一 三六六二 三六六三 三六六四

三六六五 三六六六 三六六七 三六六八 三六六九

三六七〇 三六七一 三六七二 三六七三

三六七四 三六七五 三六八一

三六七七

三六七九 三六七六 三六八〇

三六七八

三六八二 三六八三 三六八四 三六八五

三六八六　三六九九

三六八七　三六九〇　三六九四

三六八八

三六九二

三六八九　三六九三　三六九一

三六九五　三六九六

三六九七

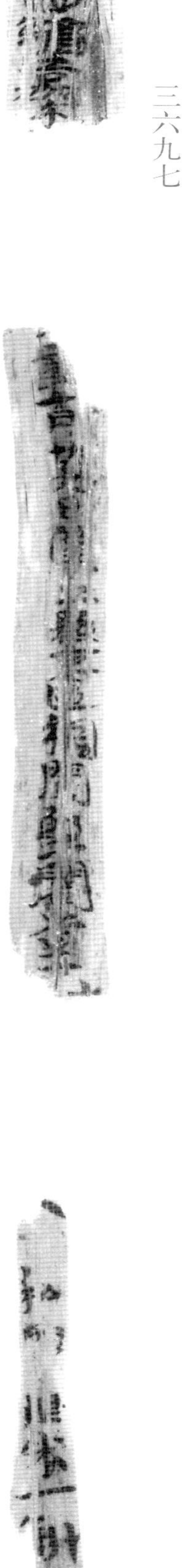

三六九八　三七〇〇　三七〇一

三七〇二　三七〇八

三七〇四　三七〇六

三七〇七　三七〇三　三七〇五

三七〇九　三七一〇

三七一一　三七一二　三七一三

三七一四　三七一五　三七一八

三七一六　三七一七　三七一九

三七二〇　三七二一　三七二二　三七二三

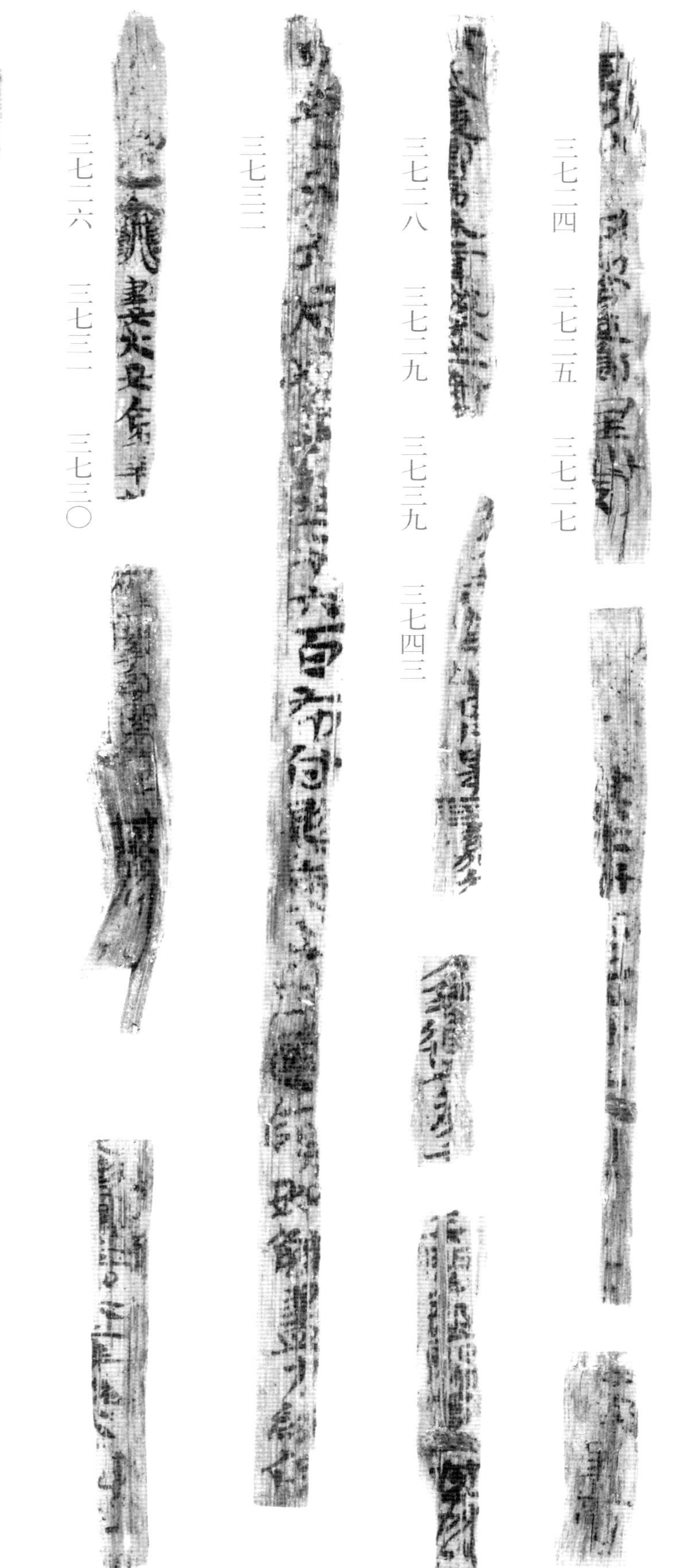

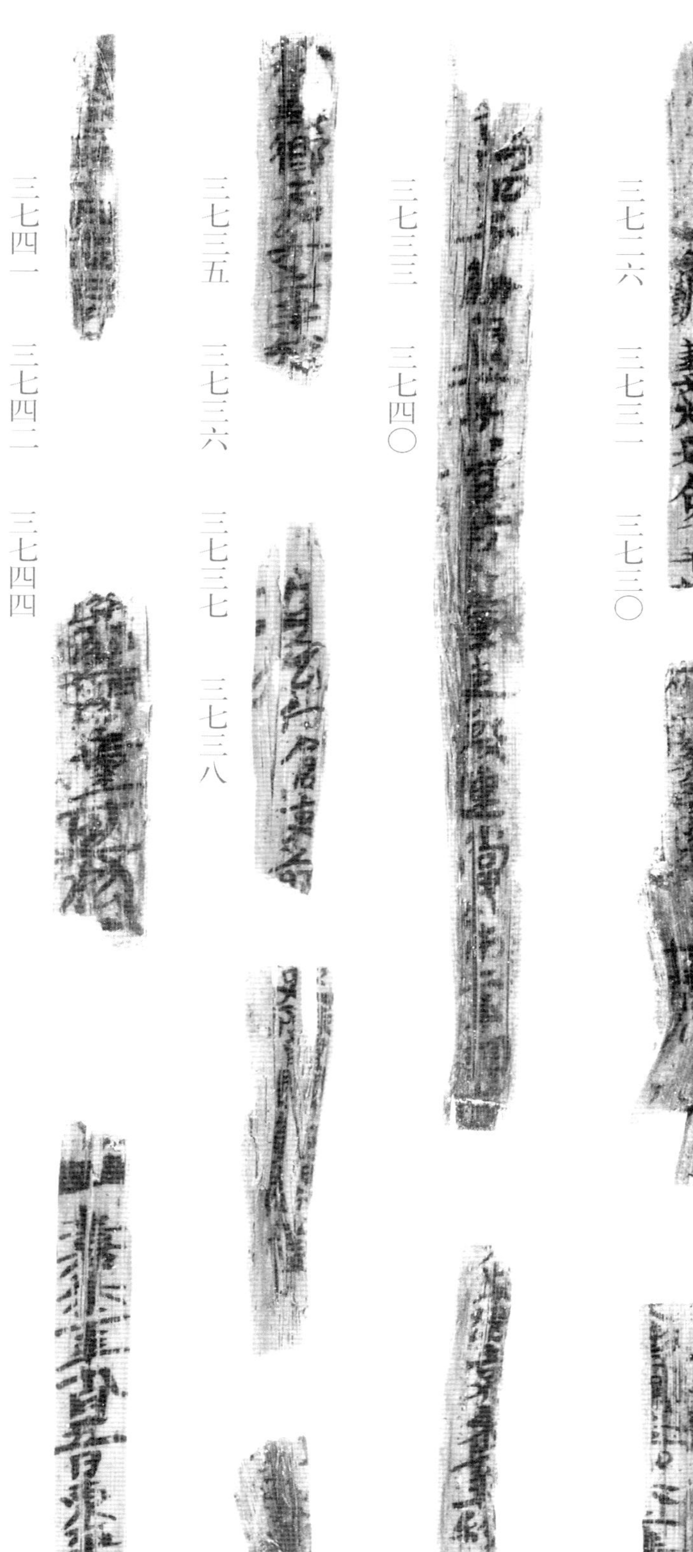

三七二四 三七二五 三七二七

三七二八 三七二九 三七三九 三七四三

三七三二

三七二六 三七三一 三七三〇

三七三三 三七四〇

三七三五 三七三六 三七三七 三七三八

三七四一 三七四二 三七四四

三七三四 三七四五 三七四六

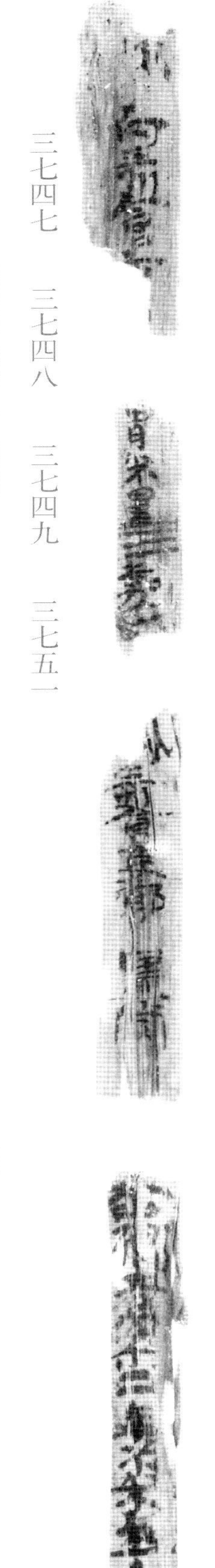

三七四七 三七四八 三七四九 三七五一

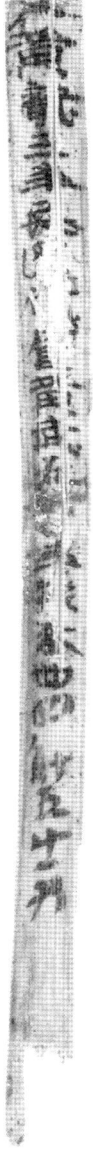

三七五〇 三七五六

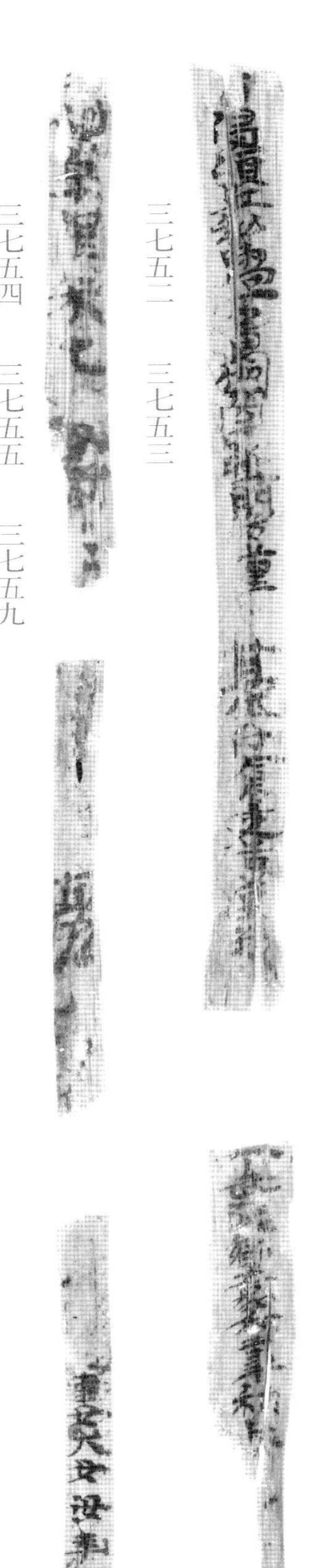

三七五二 三七五三

三七五四 三七五五 三七五九

三七五七 三七五八 三七六〇

三七六一 三七六三 三七六六 三七六七 三七六八

三七六二 三七六四 三七六九

三七六五 三七七〇 三七七一 三七七二

三七七三 三七七四 三七七五 三七七七 三七九五

三七七八 三七七九 三七八〇 三七八四 三七八五

三七七六 三七八一 三七八二 三七八三 三七八七

三七八六 三七八八 三七九二 三七九八

三七八九 三七九〇

三七九一 三七九四

三七九三 三七九六 三七九七

三七九九 三八〇〇 三八〇一

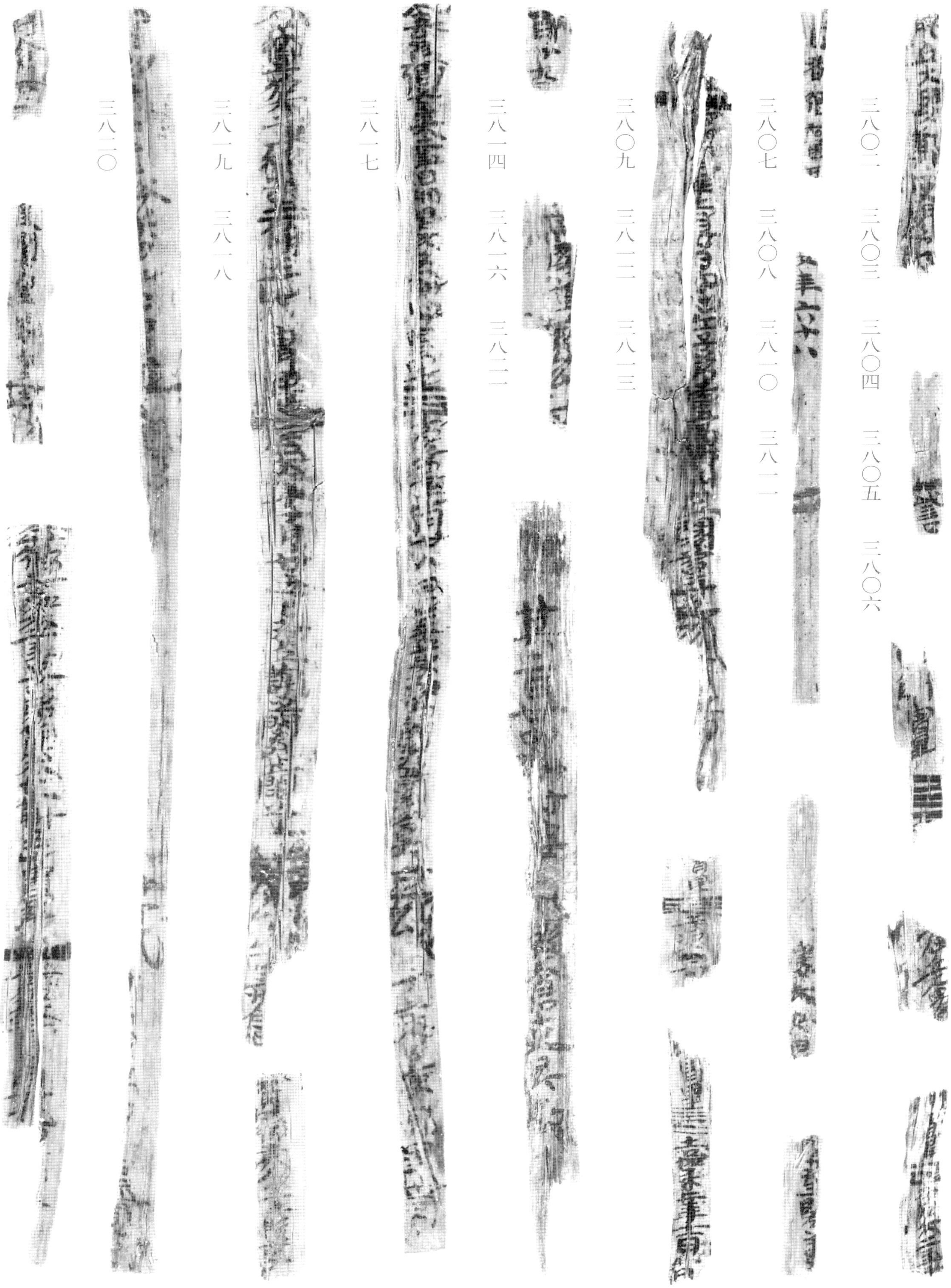

三八〇二　三八〇三　三八〇四　三八〇五　三八〇六

三八〇七　三八〇八　三八一〇　三八一一

三八〇九　三八一二　三八一三

三八一四　三八一六　三八二一

三八一七

三八一九　三八一八

三八二〇

三八一五　三八二二　三八二三

三八二四　三八三三　三八三八

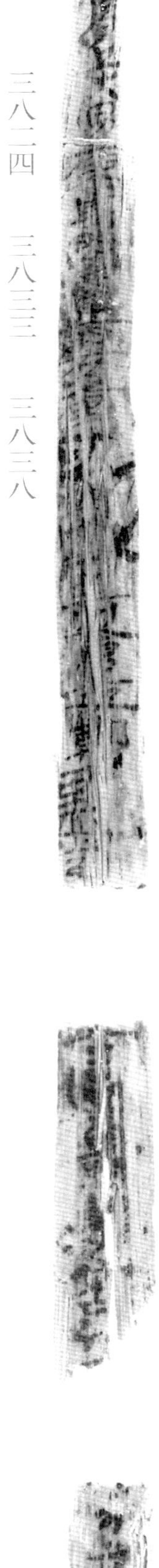

三八二五

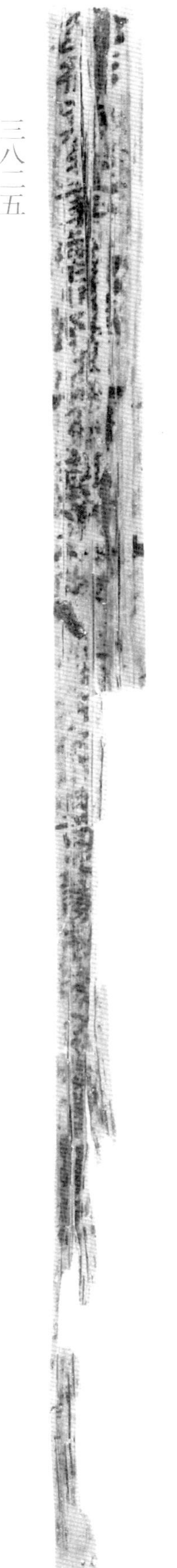

三八二六

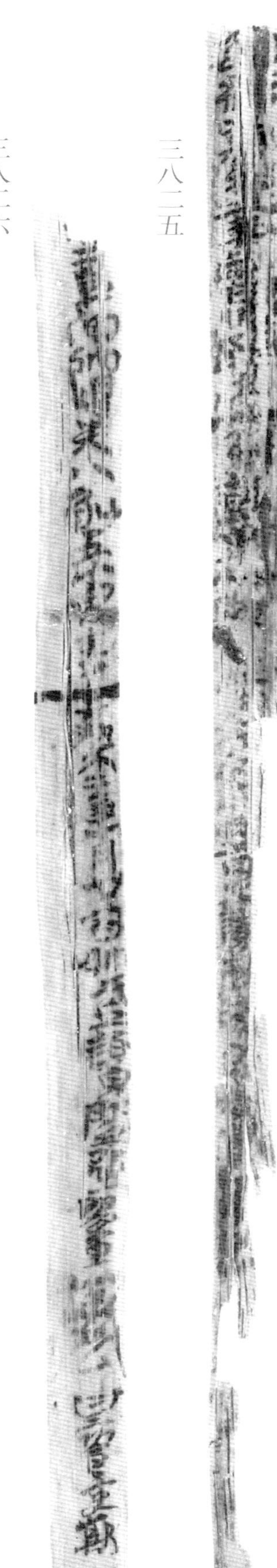

三八二七　三八二八　三八三四

三八三一

三八二九　三八三五

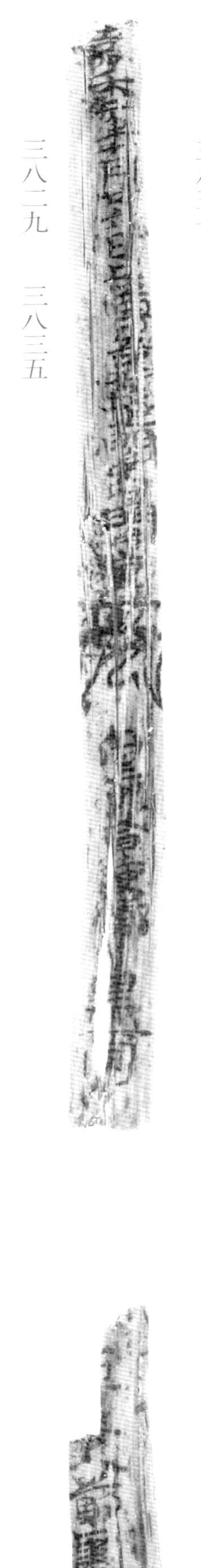

三八三〇　三八三二　三八三七

三八三六　三八三九

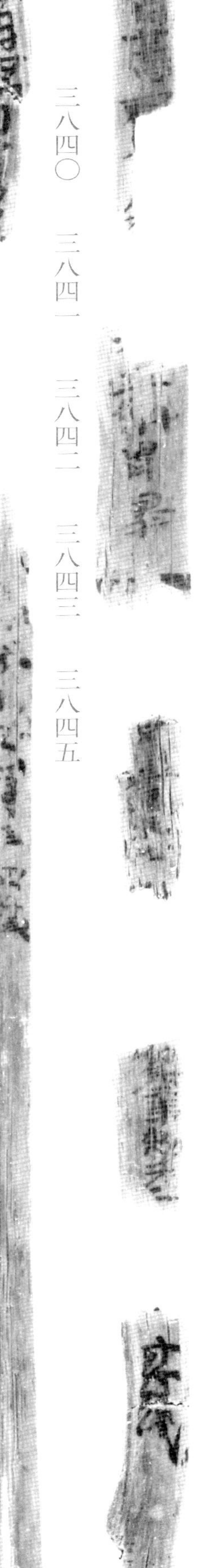

三八四〇　三八四一　三八四二　三八四三　三八四五

三八四六　三八四八

三八四七

三八五〇

三八四四　三八四九　三八五二　三八五一

三八五三　三八五四　三八五五　三八五六　三八五七

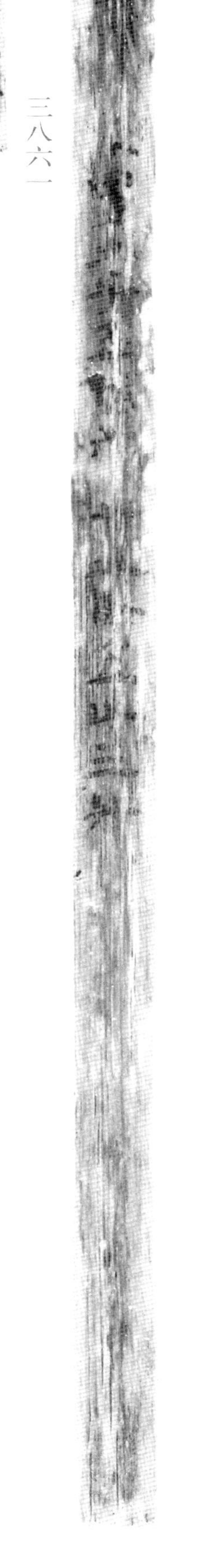

三八六一

三八五八　三八五九　三八六〇　三八六二　三八六三

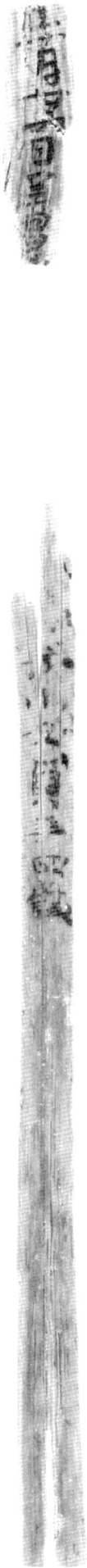

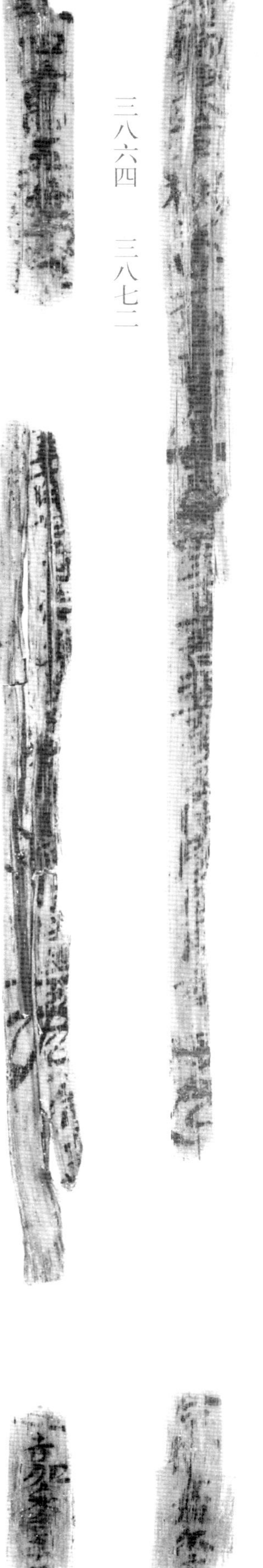

三八六四 三八七二

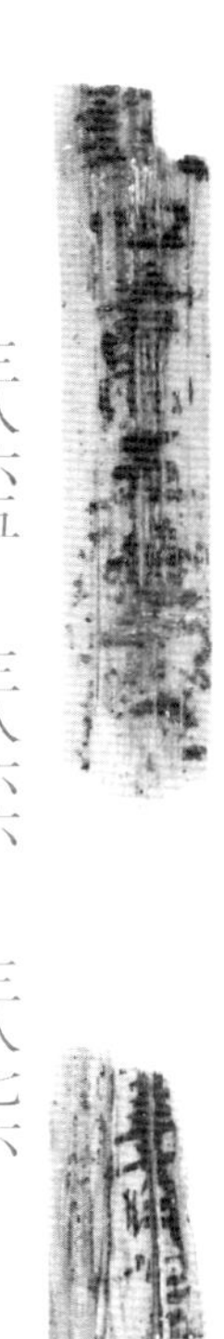

三八六五 三八六六 三八七六

三八六七

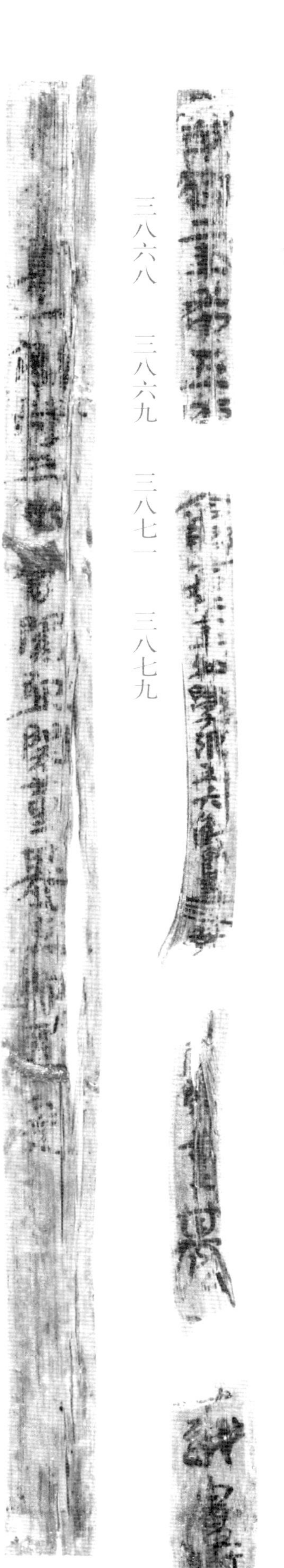

三八六八 三八六九 三八七一 三八七九

三八七〇

三八七八

三八七七

三八七三 三八七四 三八七五 三八八〇

三八八一　三八八二　三八八四

三八八三　三八八五　三八九〇

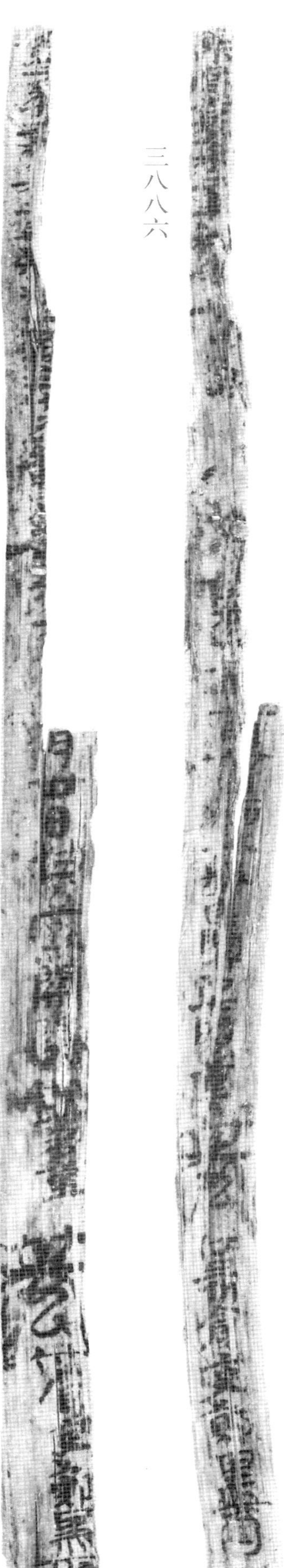

三八八六

三八八七

三八八八

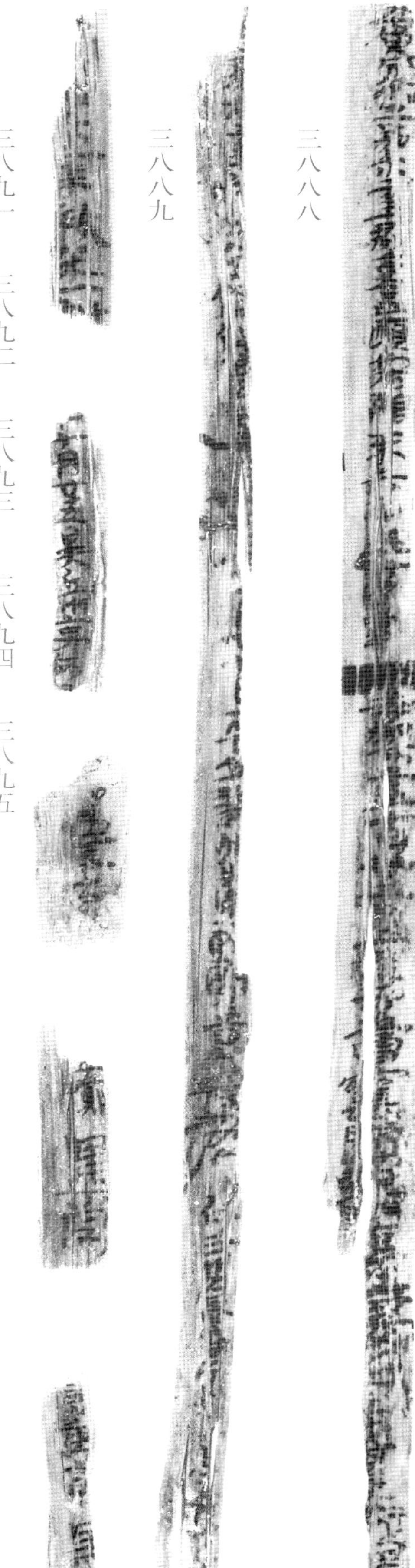

三八八九

三八九一　三八九二　三八九三　三八九四　三八九五

三八九六　三八九七　三八九八　三八九九　三九〇〇

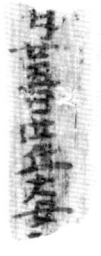

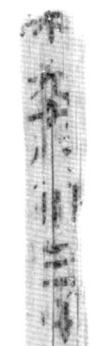

三九〇一
三九〇二
三九〇三
三九〇四
三九〇五
三九〇六
三九〇八
三九〇七
三九〇九
三九一〇
三九一三
三九一一
三九一二
三九一四
三九一五

三九一六
三九一七
三九一八
三九一九　三九二一　三九二二
三九二〇
三九二三
三九二四
三九二五

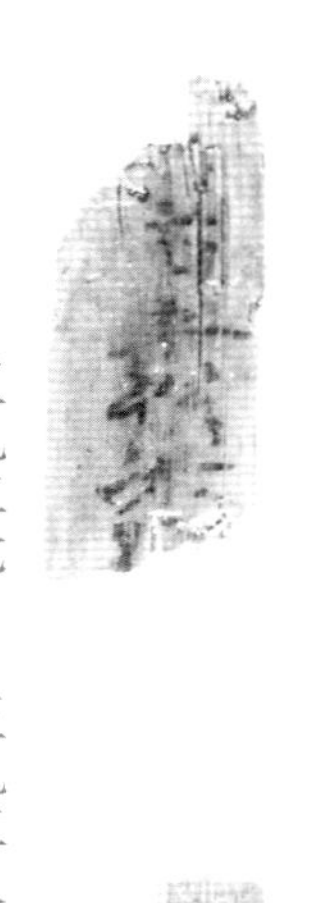
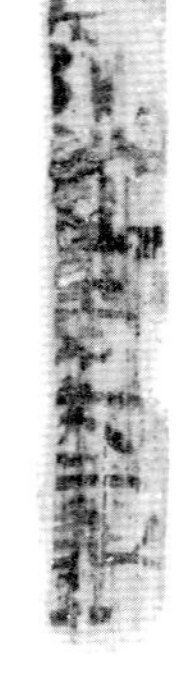
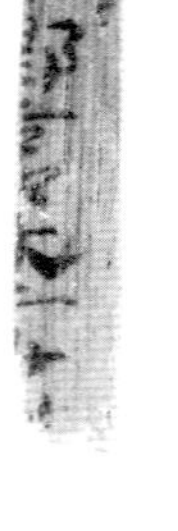

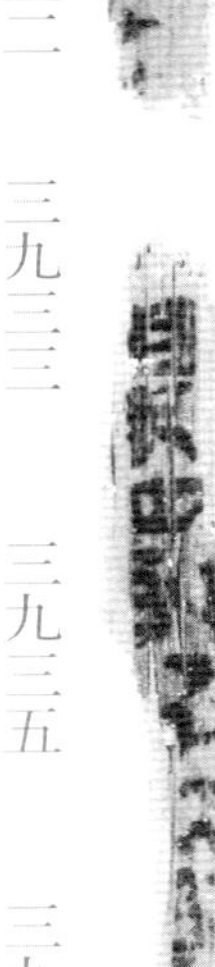
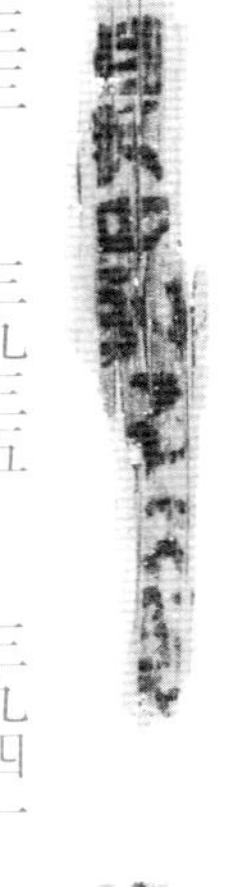
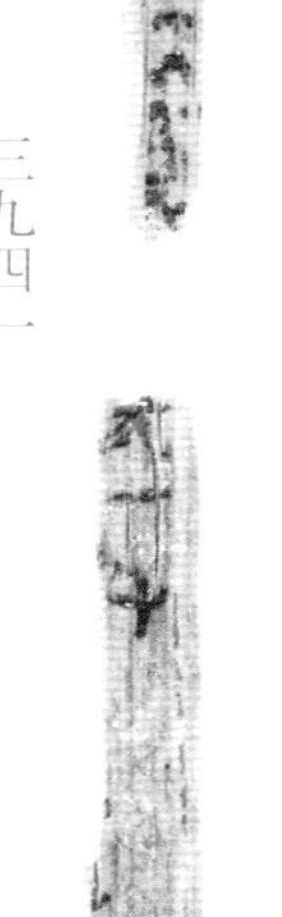
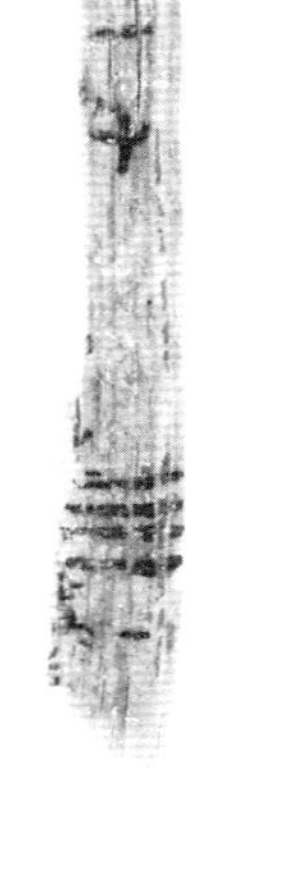
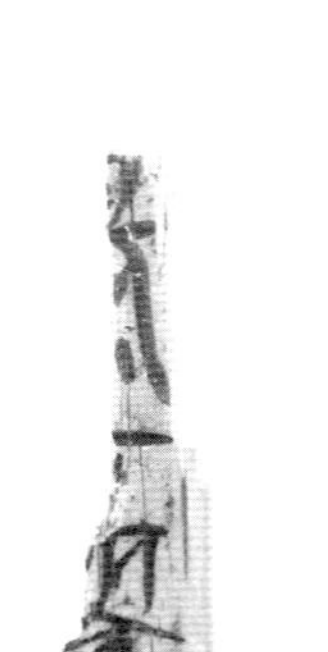
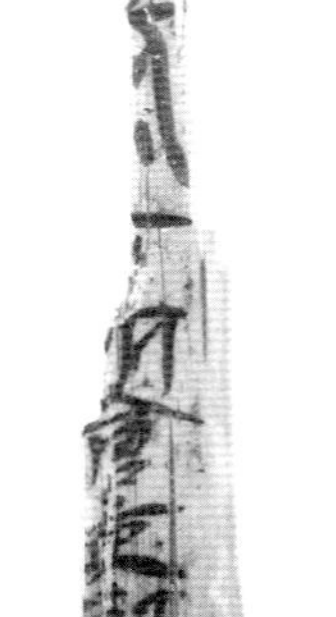

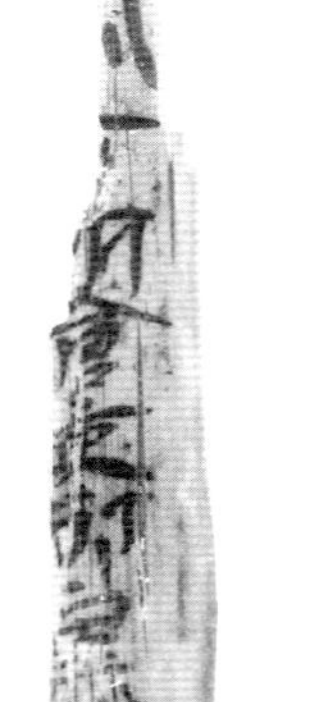

三九二六　三九四二

三九二七　三九二八　三九三二　三九三四

三九二九　三九三〇

三九三一　三九三三　三九三五　三九四一

三九三六　三九四〇

三九三八

三九三九

三九三七　三九四三

三九四四
三九四五
三九四六
三九四七
三九四八　三九五二
三九四九　三九五〇
三九五一
三九五三　三九五四　三九五五　三九五六

三九五七 三九五八 三九五九 三九六四 三九六〇 三九六一 三九六二 三九六三 三九六五 三九六六

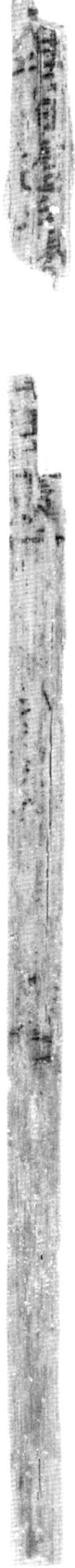

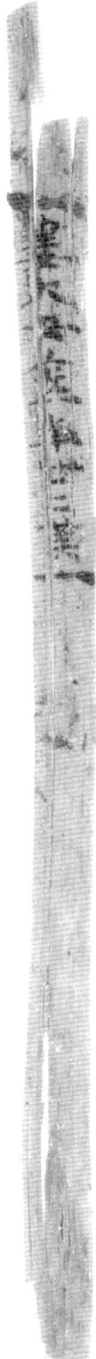

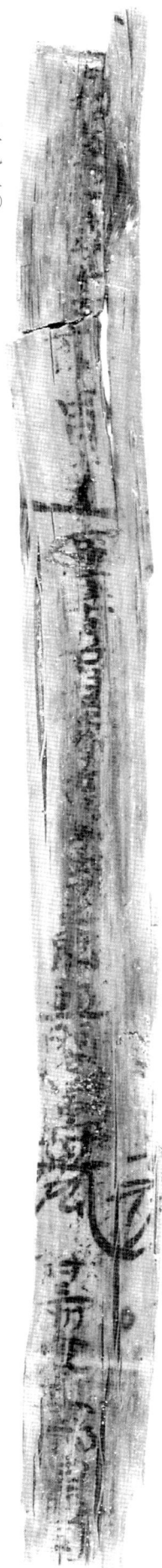

三九六七　三九七〇

三九六八　三九六九　三九七一　三九七二

三九七三　三九七四　三九七九

三九七五

三九七六

三九七七

三九七八

三九八〇

三九八一　三九八七　三九八九

三九八二

三九八三

三九八四　三九八八　三九九〇

三九八五

三九八六

三九九一

三九九二

三九九三 三九九四 三九九五

三九九六 三九九七 三九九八 三九九九

四〇〇〇 四〇〇一 四〇〇二 四〇〇四

四〇〇三 四〇〇五 四〇〇六 四〇〇七 四〇〇八

四〇〇九 四〇一〇 四〇一一 四〇一二 四〇一三

四〇一四 四〇一五 四〇一六 四〇二二

四〇一七 四〇一八 四〇一九 四〇二〇

四〇二一 四〇二三 四〇二四 四〇二五 四〇二六

四〇二七　四〇二八　四〇三〇　四〇三四　四〇三二

四〇二九　四〇三一　四〇三三　四〇三六　四〇三七

四〇三五　四〇四一　四〇四四　四〇四九

四〇三八　四〇三九　四〇四〇　四〇四三　四〇四五

四〇四六　四〇四七　四〇四八　四〇五〇　四〇五四

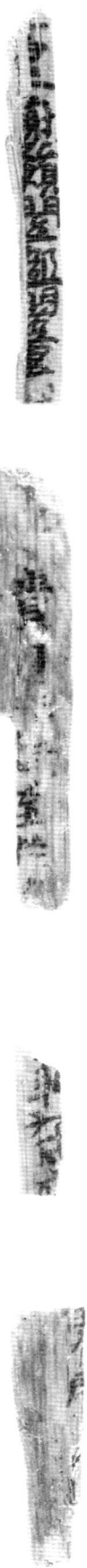

四〇四二　四〇五一　四〇五二　四〇五三

四〇五五　四〇五六　四〇五七　四〇五八　四〇五九

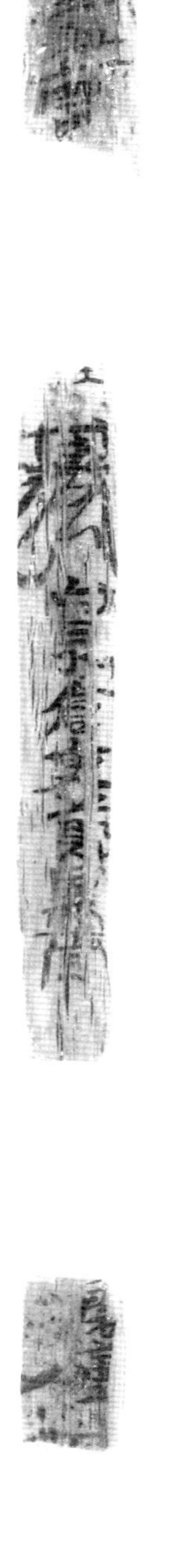

四〇六〇　四〇六一　四〇六二　四〇六三

四〇六四 四〇六五 四〇六六 四〇六七 四〇六八

四〇六九 四〇七〇 四〇七一 四〇七二

四〇七三 四〇七四 四〇七五 四〇七六 四〇七七 四〇七八

四〇七九 四〇八〇 四〇八一 四〇八二 四〇八四 四〇八五

四〇八六 四〇九三

四〇八三 四〇八七 四〇八八 四〇八九

四〇九〇 四〇九一 四〇九二 四〇九四

四〇九五

四〇九六

四〇九七　四〇九九

四〇九八　四一〇一

四一〇〇

四一〇二

四一〇三

四一〇四

四一〇五

四一〇六 四一一六

四一〇七 四一〇九

四一一〇 四一一五 四一一九

四一〇八 四一一七

四一一一

四一一二 四一二〇

四一一三 四一一八

四一一四 四一二二

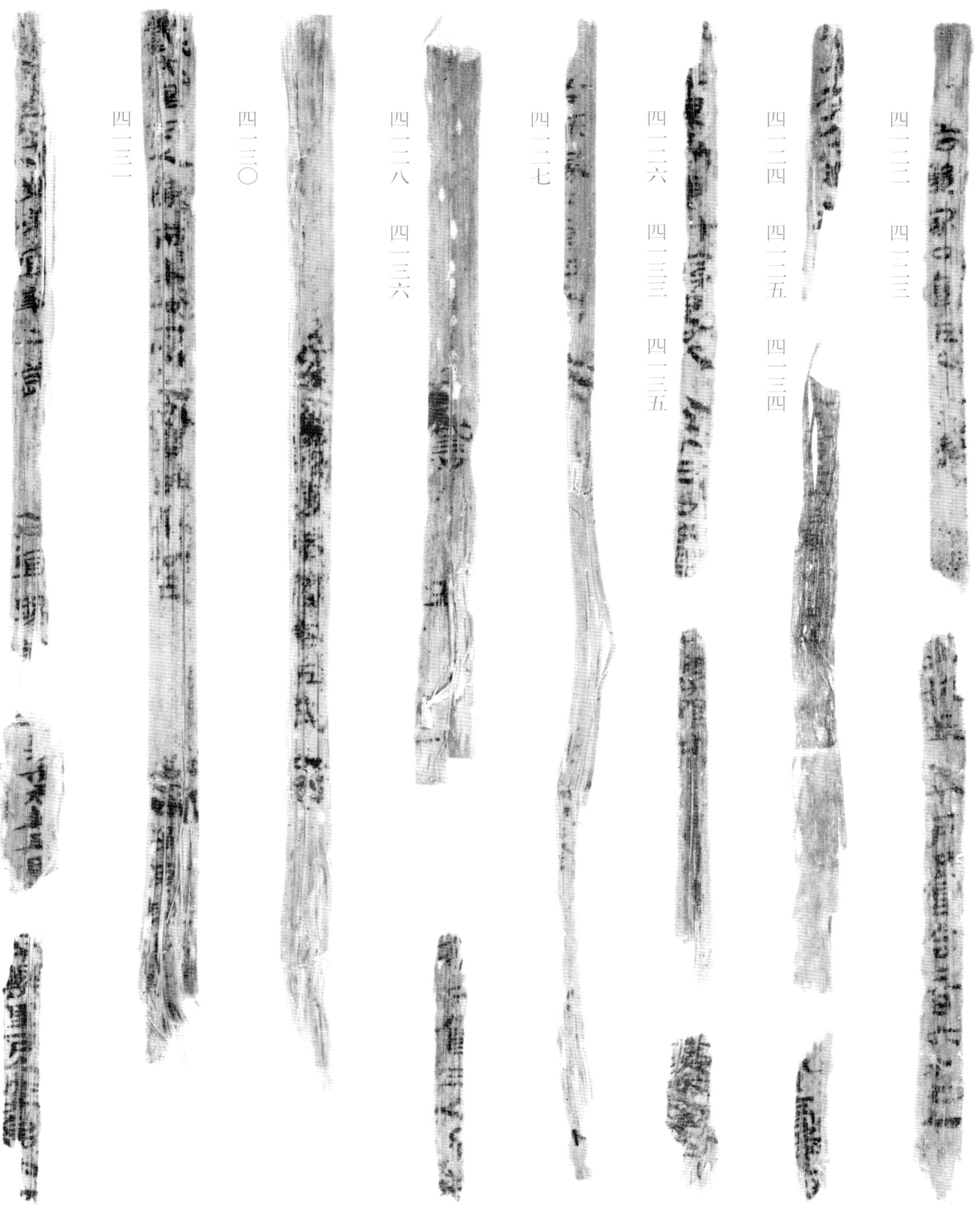

四一二二 四一二三

四一二四 四一二五 四一三四

四一二六 四一三三 四一三五

四一二七

四一二八 四一三六

四一三〇

四一三一

四一三二 四一二九 四一三七

四一三八

四一三九

四一四〇

四一四一

四一四二

四一四三

四一四四

四一四五

四一四六 四一四九
四一四七 四一五〇 四一五一
四一四八 四一五二
四一五三 四一五四 四一五五
四一五六 四一五七 四一五八 四一五九
四一六〇 四一六一 四一六三
四一六二 四一六四甲 四一六四乙 四一六七
四一六六 四一六五 四一六八

四一六九 四一七〇 四一七七

四一七一 四一七三 四一七四

四一七五 四一七六 四一七八

四一七二 四一七九 四一八〇

四一八一 四一九二 四一八九

四一八二 四一八三 四一八四 四一八五

四一八六 四一八七 四一八八 四一九〇

四一九一 四一九三 四一九四 四一九五

四一九六　四一九七

四一九八　四二〇一　四二〇二

四一九九　四二〇〇

四二〇三　四二〇四

四二〇五　四二〇六　四二〇七　四二〇八　四二〇九

四二一〇　四二一一　四二一二　四二一三

四二一四

四二一五

四二一六 四二一八

四二一七 四二二〇

四二一九 四二二三

四二二二 四二二四 四二二五

四二二六 四二二七 四二二八

四二二一 四二三〇 四二三一

四二二九 四二三二 四二三五

四二三三 四二三四 四二三六

四二三七 四二三八 四二三九 四二四〇

四二四一 四二四二 四二四四

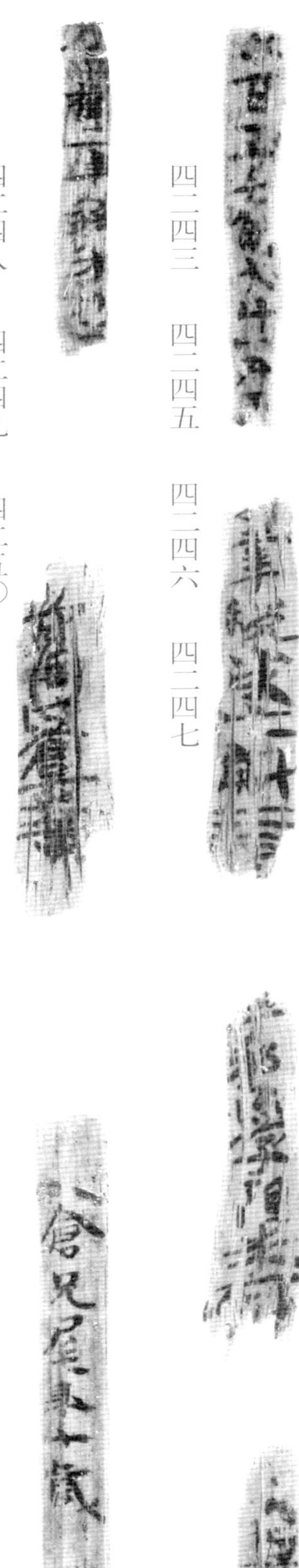

四二四三 四二四五 四二四六 四二四七

四二四八 四二四九 四二五〇

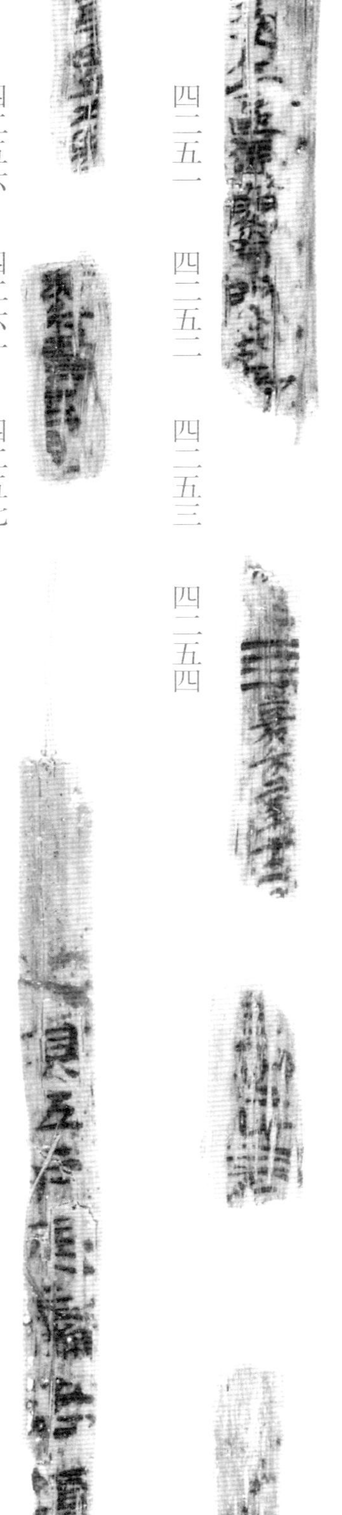

四二五一 四二五二 四二五三 四二五四

四二五六 四二六一 四二五七

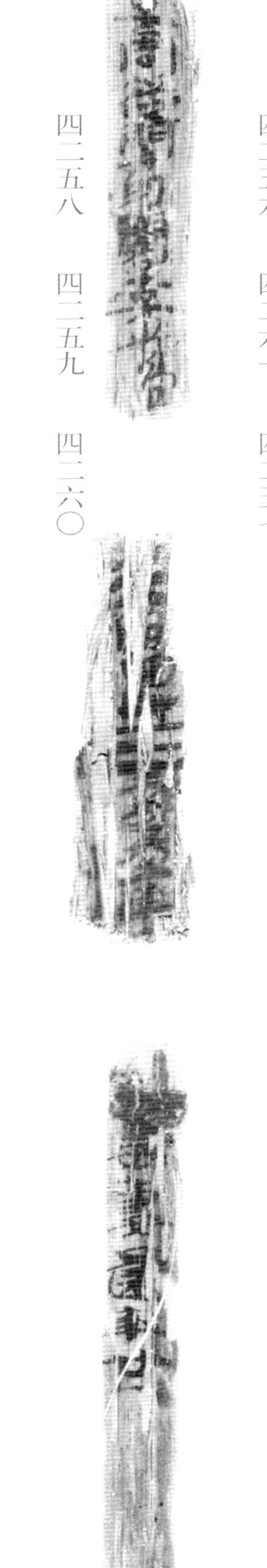

四二五八 四二五九 四二六〇

四二五五 四二六二 四二六三

四二六四　四二六八　四二六九

四二六五　四二六六　四二六七

四二七〇　四二七三

四二七四　四二七七　四二七九　四二八七

四二七一　四二七二　四二七五　四二七六

四二七八　四二八一　四二八二　四二八四

四二八〇　四二八三　四二八五　四二八六

四二八八　四二八九　四二九〇

四二九一　四二九二　四二九三　四二九四

四二九五　四二九六　四二九七　四三〇〇

四二九八　四二九九　四三〇一

四三〇二　四三〇三　四三〇四　四三〇五　四三〇六　四三〇七

四三〇八　四三〇九　四三一〇　四三一四

四三一一　四三一二　四三一三　四三一五

四三一六　四三一七　四三一八　四三一九　四三二〇

四三二一　四三二二　四三二三　四三二四

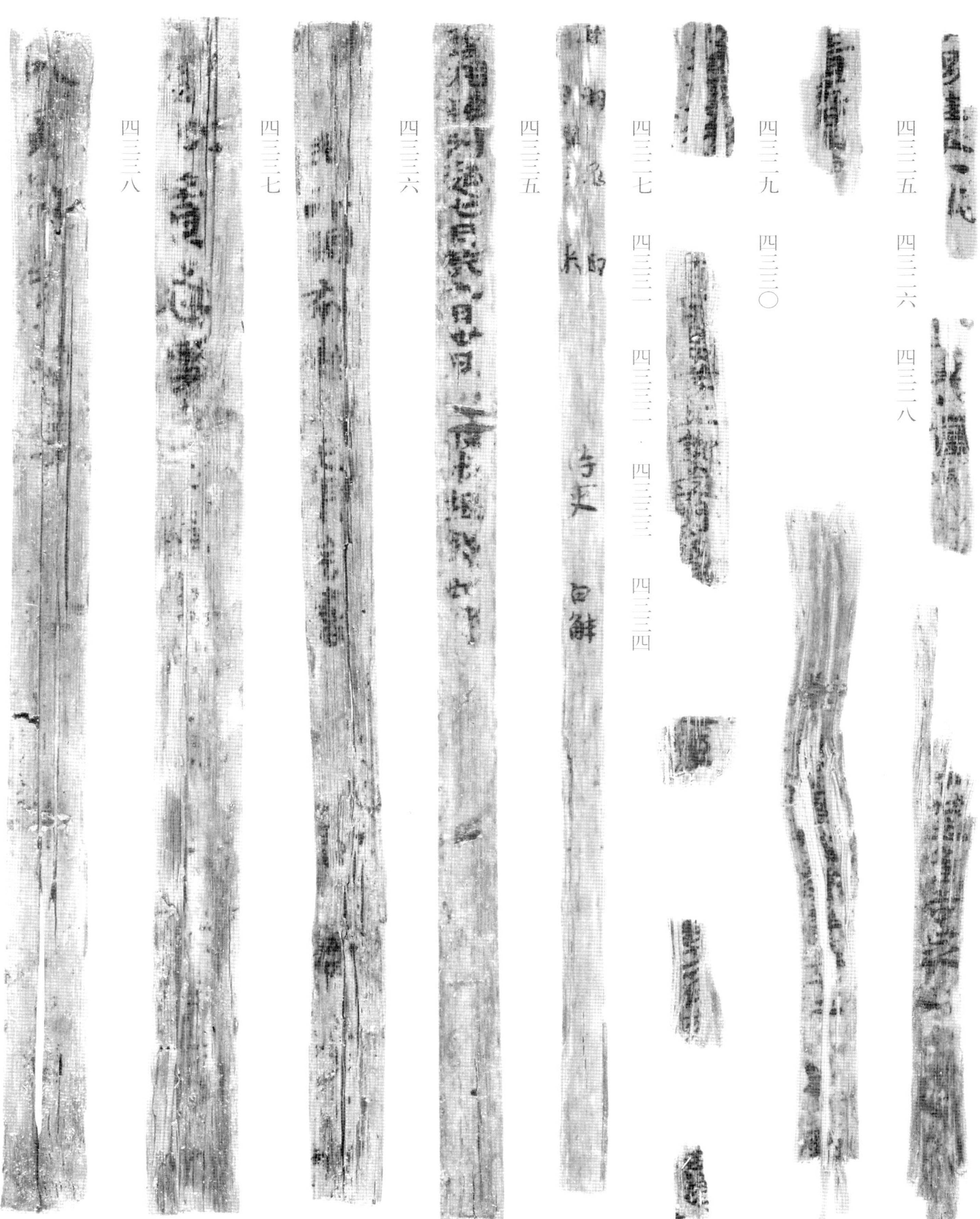
四三二五 四三二六 四三二八
四三二九 四三三〇
四三二七 四三三一 四三三二、四三三三 四三三四
四三三五
四三三六
四三三七
四三三八
四三三九

四三四〇

四三四一

四三四二

四三四三

四三四四

四三四五

四三四六

四三四七

四三四八
四三四九
四三五〇
四三五一
四三五二
四三五三
四三五四
四三五五

四三五六 四三五七 四三五八 四三五九 四三六〇 四三六一 四三六二 四三六三

四三六四

四三六五

四三六六

四三六七

四三六九

四三六八

四三七〇

四三七一正

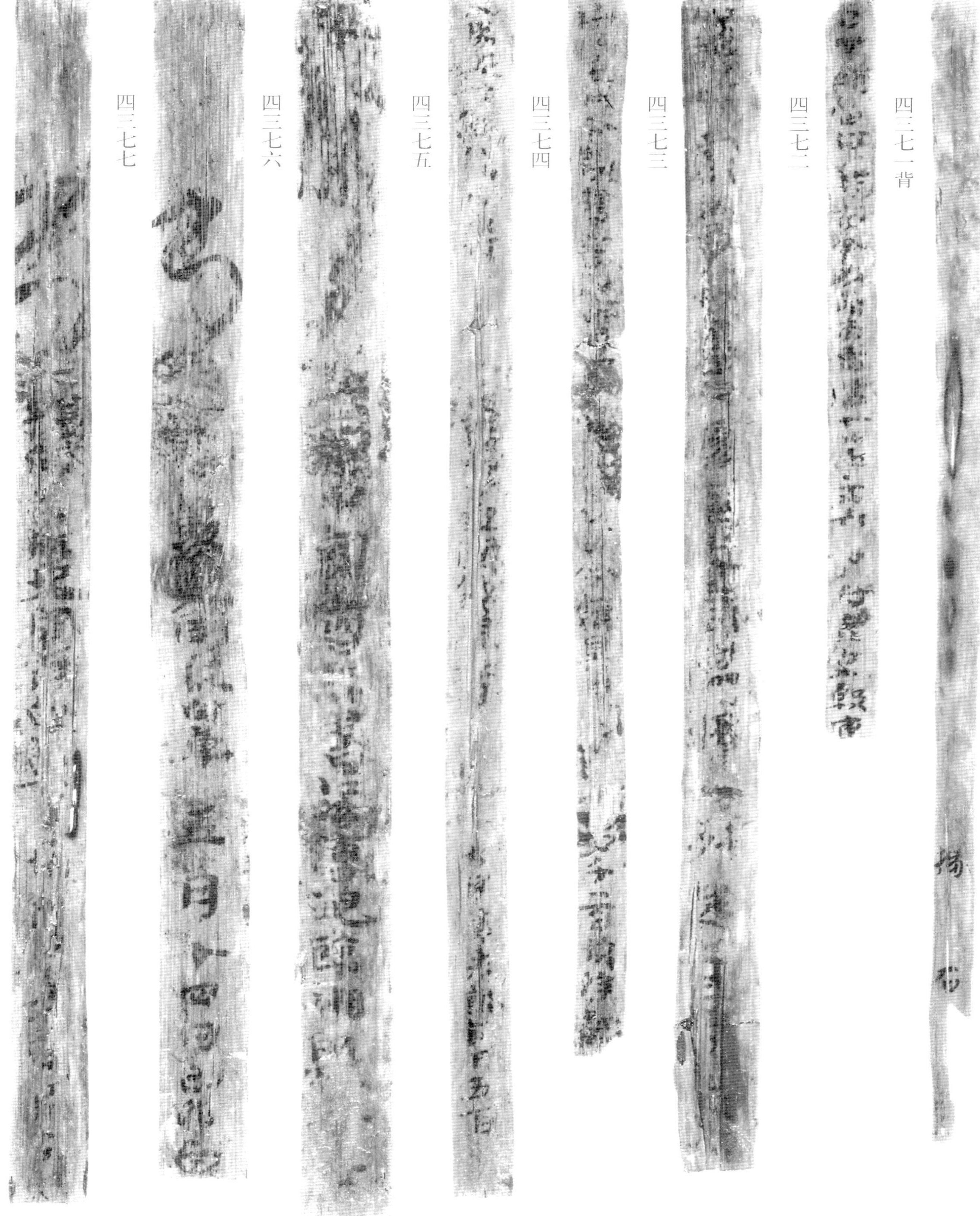

四三七一背

四三七二

四三七三

四三七四

四三七五

四三七六

四三七七

四三七八

四三七九

四三八〇

四三八一

四三八二

四三八三

四三八四

四三八五

四三八六

四三八七

四三八八

四三八九

四三九〇

四三九一

四三九二正

四三九二背

四三九三

四三九四 四三九五

四三九六正

四三九六背

四三九七

四三九八

四三九九

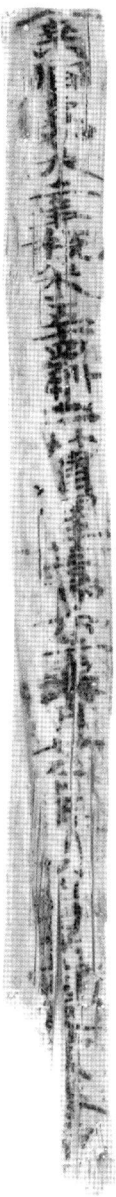

四四〇〇

四四〇一

四四〇二 四四〇三 四四〇四 四四〇八 四四〇五 四四〇六 四四〇七 四四〇九 四四一〇

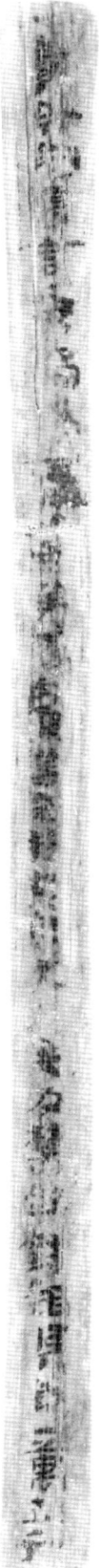

四四一一

四四一二 四四一三

四四一四 四四一九

四四一五

四四一六

四四一七

四四一八

四四二〇

四四二一

四四二二

四四二三　四四二四

四四二五

四四二六

四四二七

四四二九

四四二八　四四三〇

四四三一

四四三二

四四三三

四四三四

四四三五

四四三六

四四三七

四四三八

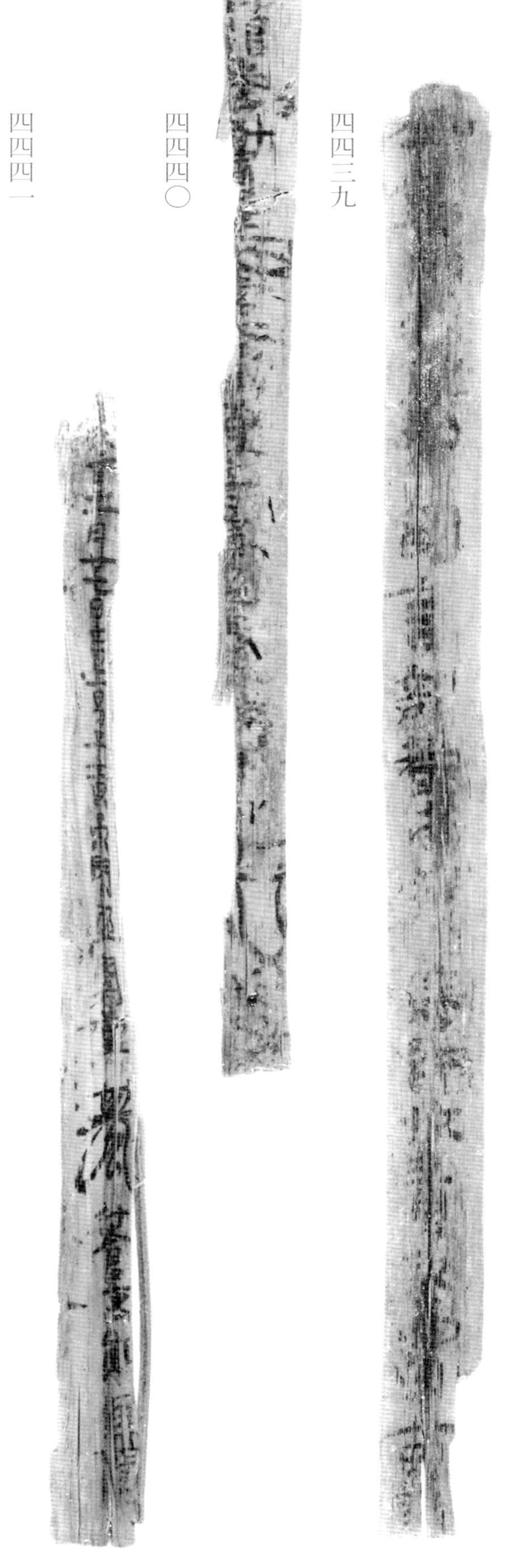

四四三九

四四四〇

四四四一

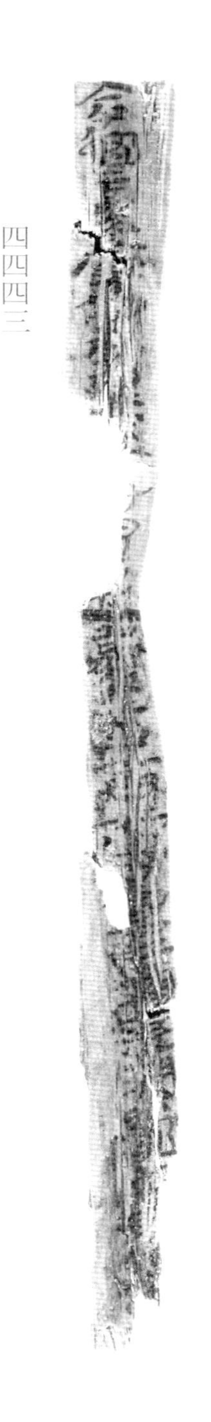

四四四三

四四四二　四四四四

四四四五

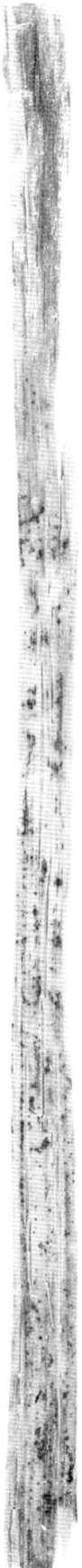

四四四六

四四四七

四四四八

四四四九

四四五〇

四四五一

四四五二

四四五三

四四五四

四四五五

四四五六　四四五七

四四五八

四四五九

四四六〇　四四六三

四四六一

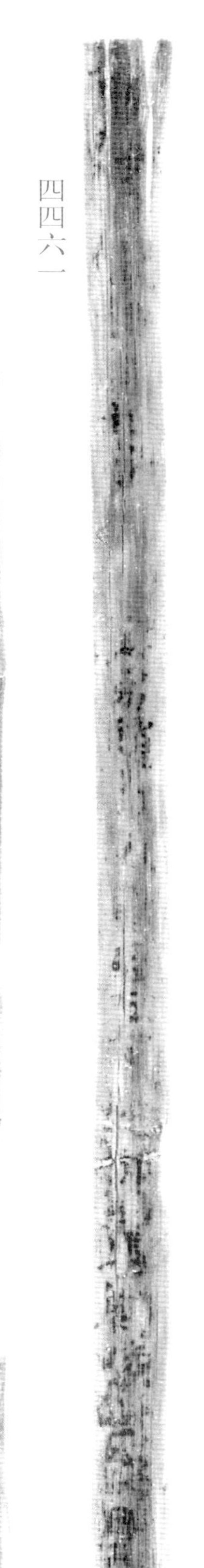

四四六二

四四六四

四四六五

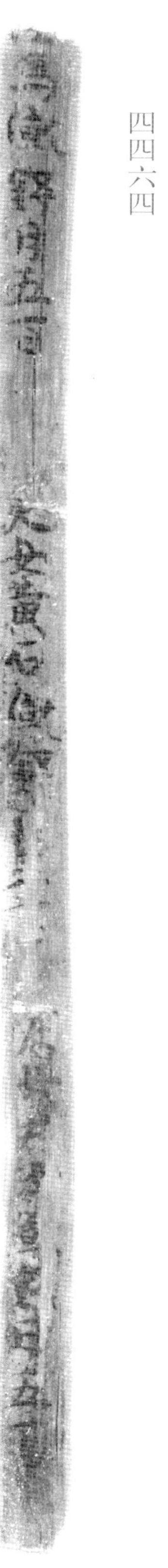

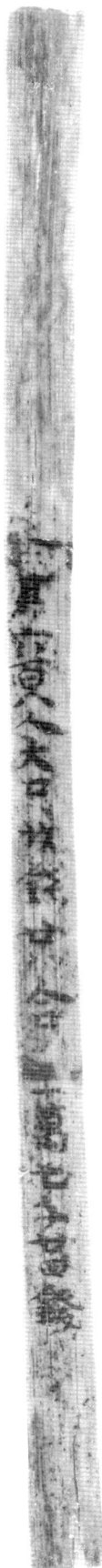

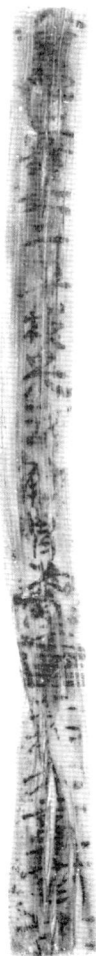

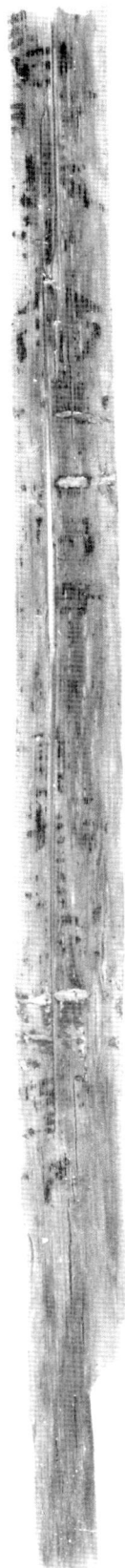

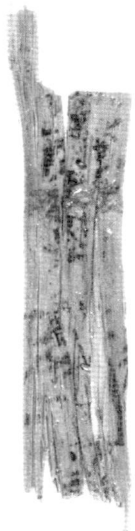

四四六六

四四六八　四四六九

四四七三　四四七五

四四七〇

四四七一

四四六七　四四七二

四四七四

四四七六

四四七七 四四七八 四四七九 四四八〇 四四八一 四四八二 四四八三 四四八四 四四八五 四四八六 四四八七

四四八八

四四八九

四四九〇

四四九一

四四九二

四四九三　四四九五

四四九四

四四九六

四四九七

四四九八

四五〇〇　四四九九

四五〇二

四五〇三

四五〇五

四五〇一　四五〇四

四五〇六

四五〇七
四五〇八　四五一二
四五〇九　四五一〇
四五一一　四五一三
四五一四
四五一五　四五一六
四五一七　四五一八
四五一九　四五二〇

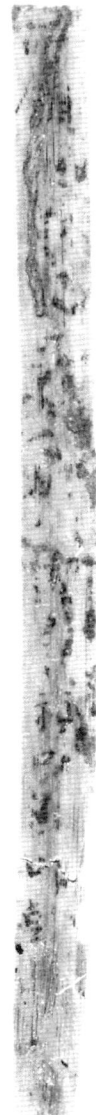

四五二一　四五二二

四五二三　四五二四

四五二五　四五二六

四五二七

四五二八　四五二九

四五三〇

四五三一

四五三二

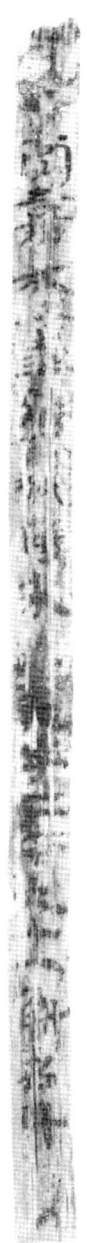

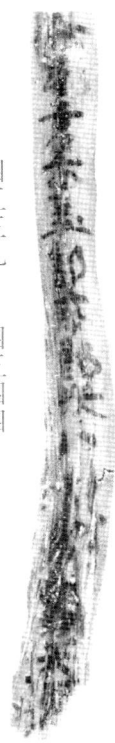

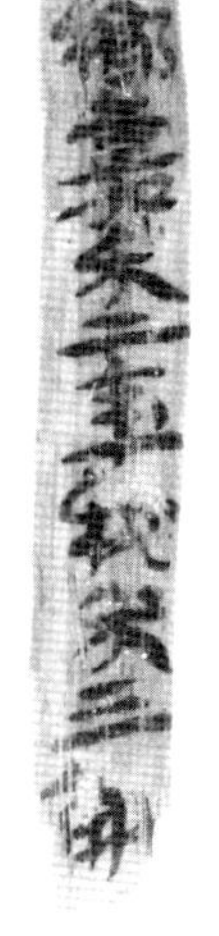

四五三三 四五三四

四五三五

四五三六 四五四二

四五三八

四五三七 四五四三

四五四〇

四五四一

四五三九 四五四四

四五四五　四五四七

四五四六

四五四八

四五四九

四五五〇

四五五一

四五五二

四五五三

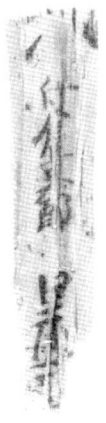

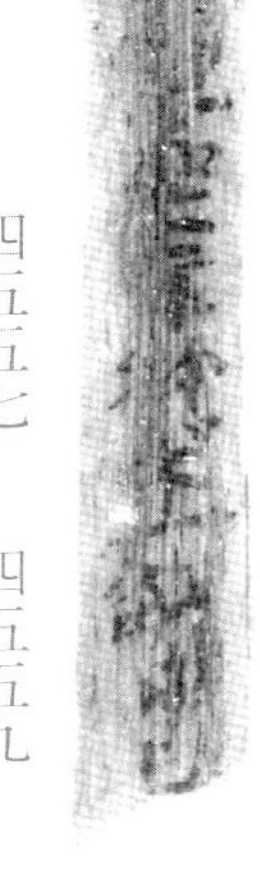
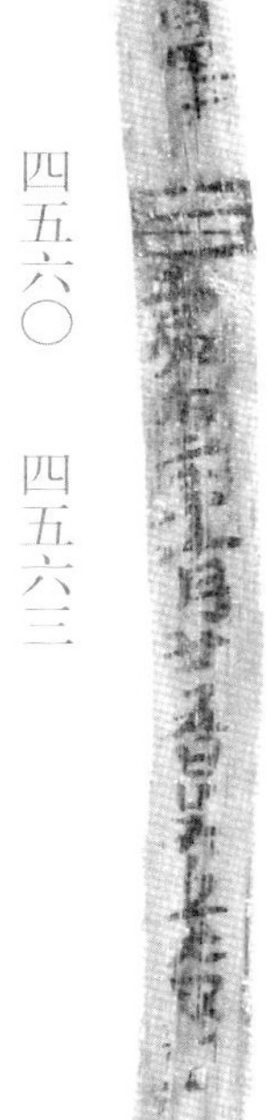

四五五四　四五五八

四五五五　四五五六　四五六七

四五五七　四五五九

四五六〇　四五六三

四五六一　四五六六

四五六二　四五六四

四五六五　四五六八

四五六九　四五七〇

四五七一　四五七二　四五七三　四五七五

四五七四　四五七六　四五七七

四五七八　四五七九　四五八〇

四五八一　四五八二　四五八三　四五八四

四五八五　四五八六　四五八七

四五八八　四五八九　四五九〇

四五九一

四五九二　四五九三　四五九四

四五九五 四五九六
四五九七 四五九八 四五九九 四六〇四
四六〇〇 四六〇五
四六〇一
四六〇二
四六〇三
四六〇八
四六〇六 四六〇七 四六〇九 四六一〇

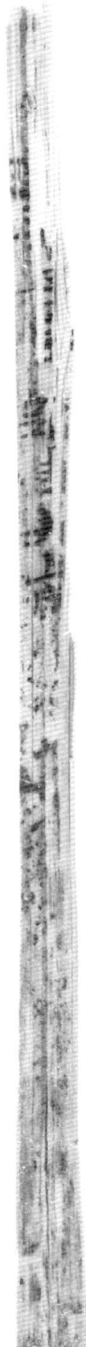

四六一一　四六一二

四六一三　四六一四　四六一五

四六一六　四六一七

四六一八　四六二〇

四六一九

四六二一　四六二三

四六二四

四六二二　四六二五

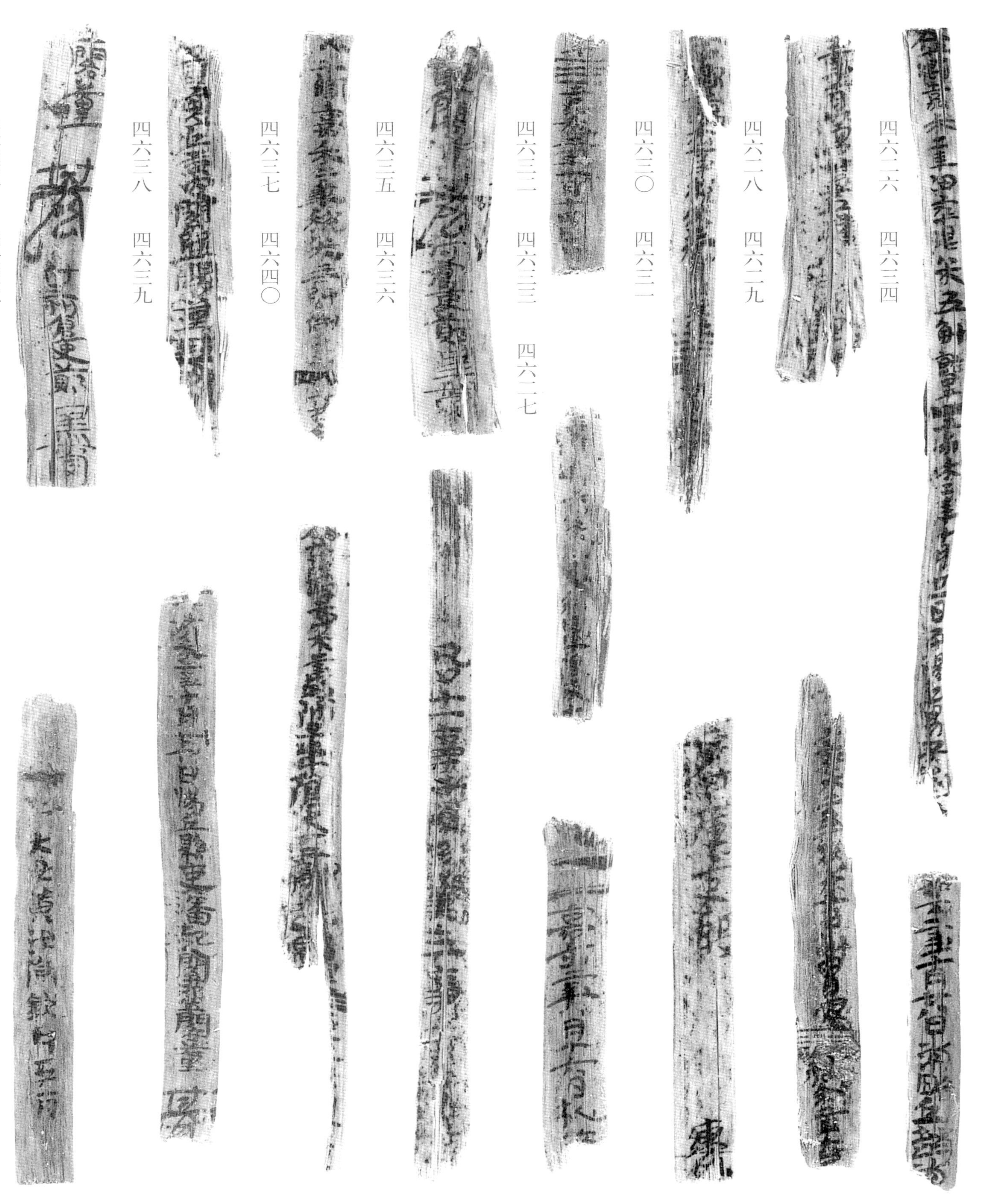

四六二六　四六三四

四六二八　四六二九

四六三〇　四六三一

四六三二　四六三三　四六二七

四六三五　四六三六

四六三七　四六四〇

四六三八　四六三九

四六四一　四六四二

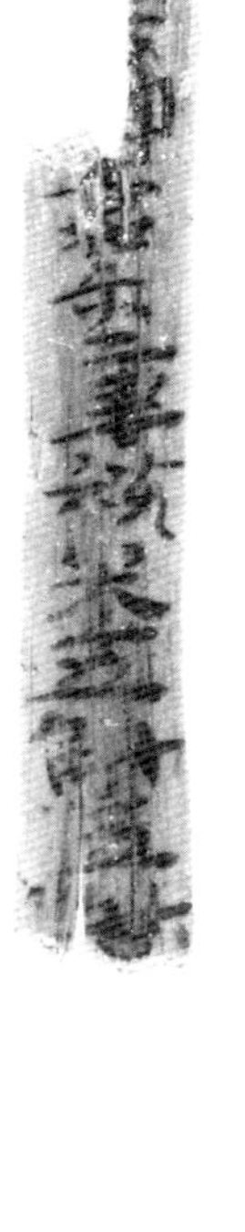

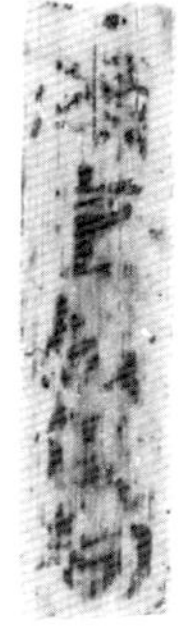

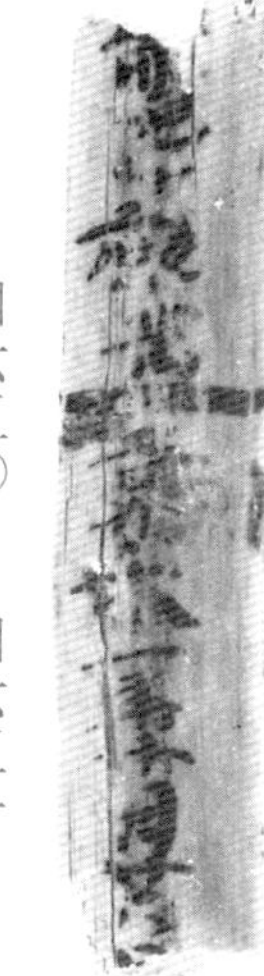

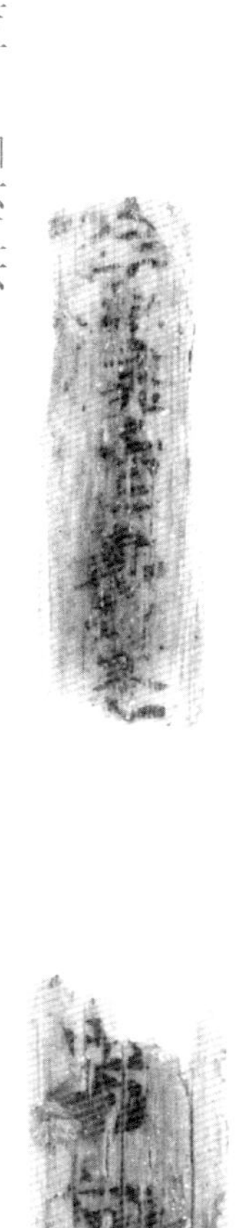

四六四三　四六四五

四六四四

四六四六　四六四七

四六四八　四六四九

四六五〇　四六五一

四六五二　四六五四

四六五三　四六五五　四六五六

四六五七　四六五八　四六五九

四六六〇 四六六一

四六六二 四六六五 四六六六

四六六三 四六六四

四六六七 四六六八 四六七五

四六六九 四六七〇 四六七三

四六七一 四六七二

四六七四 四六七七

四六七六 四六七八

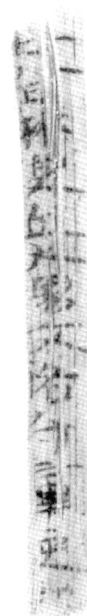

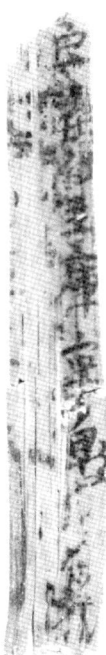

四六七九　四六八〇　四六八二

四六八一　四六八三　四六八六

四六八四　四六八五

四六八七　四六八八　四六九〇

四六八九　四六九一

四六九二　四六九三　四六九四

四六九五　四六九六　四六九七

四六九八　四六九九

四七〇〇　四七〇一

四七〇二　四七〇三　四七〇四　四七〇五

四七〇六　四七〇七　四七〇八

四七〇九　四七一〇

四七一一　四七一三

四七一二　四七一四　四七一五

四七一六　四七一七　四七一八

四七一九　四七二〇　四七二一

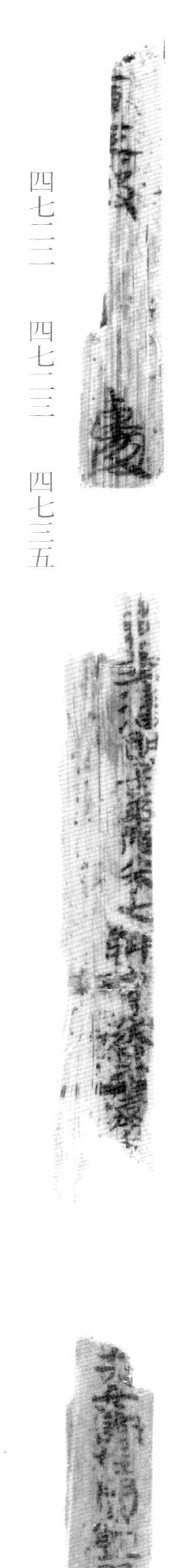

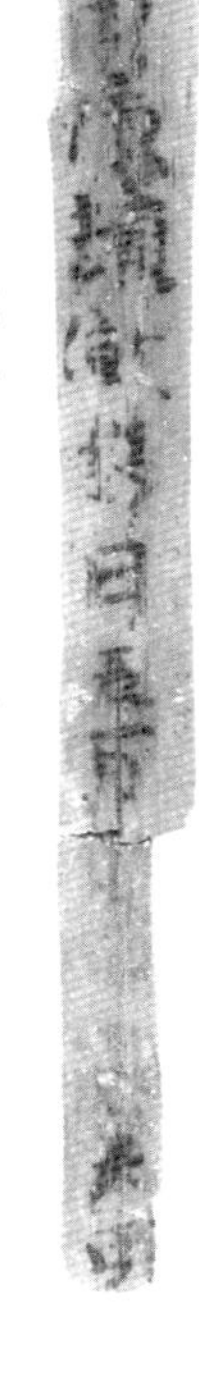
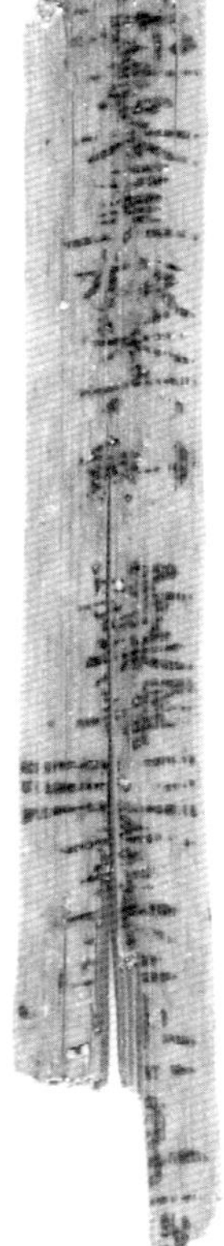
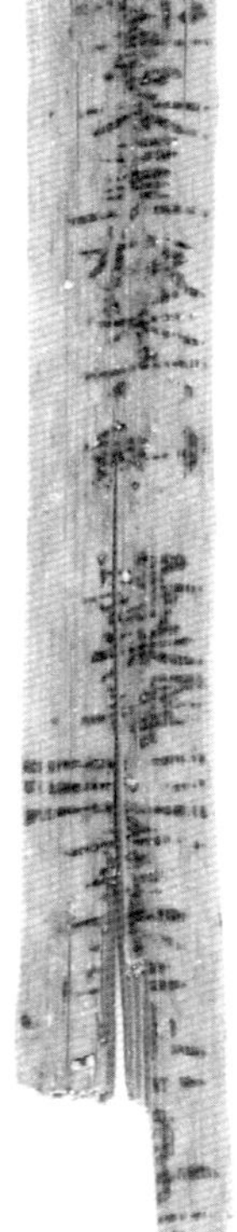
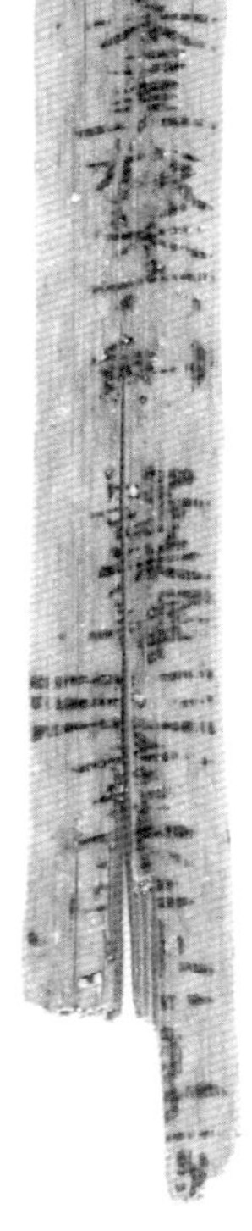

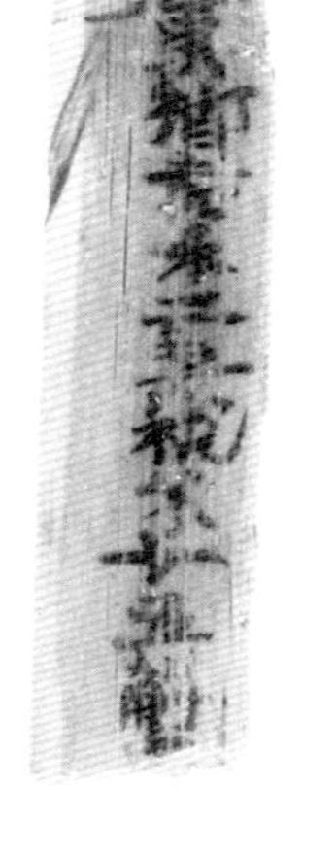
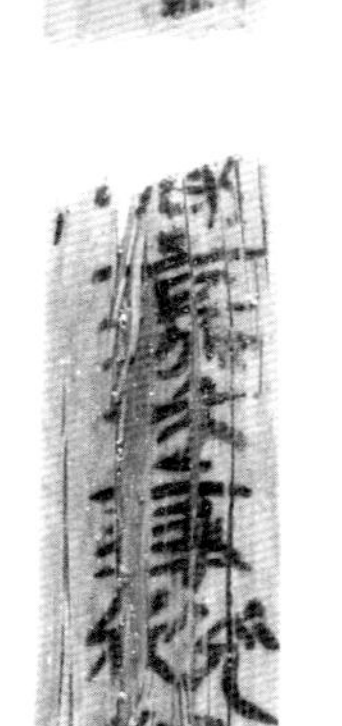
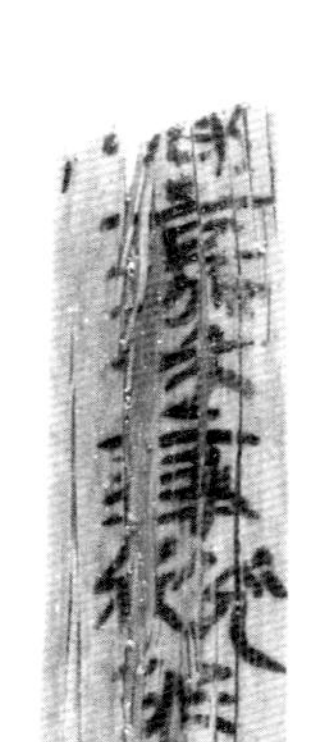

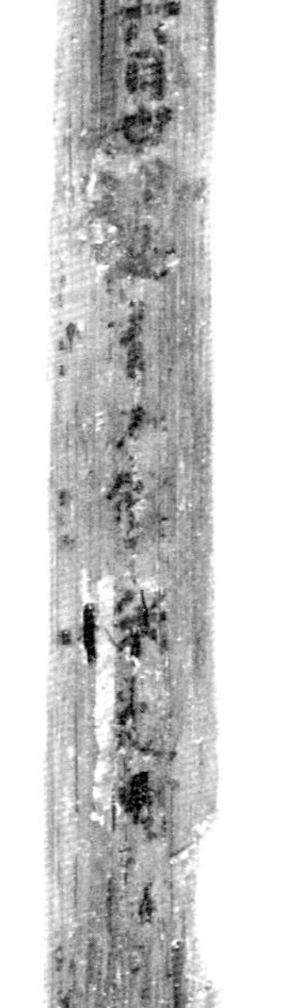

四七二二　四七二三　四七三五

四七二四

四七二七　四七二八

四七二五　四七二六　四七二九

四七三一

四七三〇　四七三二

四七三三

四七三四　四七三六

四七三七

四七三八　四七四二

四七三九　四七四五　四七四七

四七四〇　四七五一

四七四一　四七四六

四七四三　四七四八

四七四九　四七五〇

四七四四　四七五二

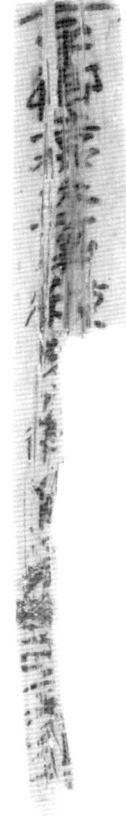

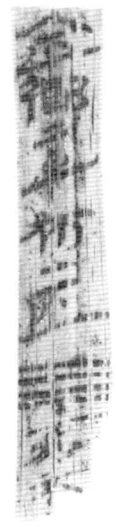

四七五三　四七五六　四七六〇

四七五四

四七五五　四七五九

四七五七　四七六二

四七五八　四七六三

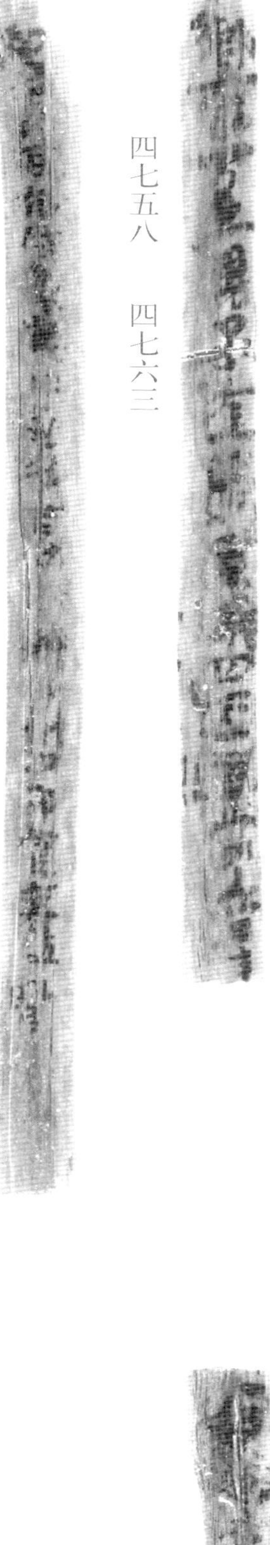

四七六一

四七六四

四七六五　四七六六

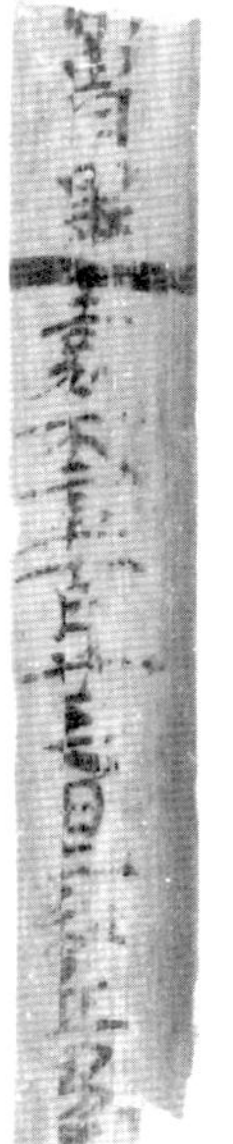

四七六七 四七六八 四七七〇

四七六九 四七七一 四七七五 四七七七

四七七三 四七七四

四七七二 四七七六 四七七八

四七七九 四七八〇 四七八一

四七八二 四七八三 四七八四 四七八八

四七八五 四七八六 四七八七

四七八九 四七九〇 四七九一 四七九二

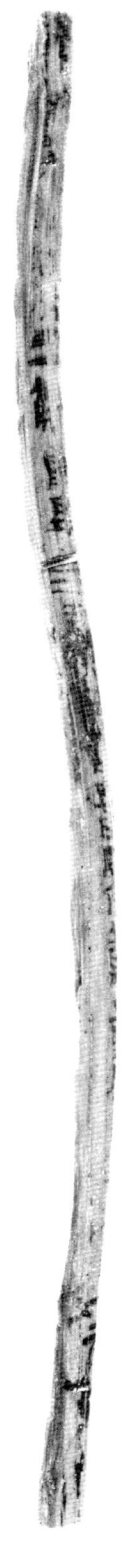

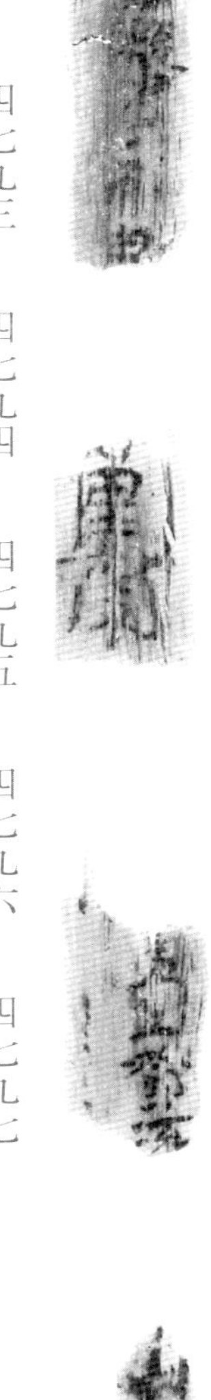

四七九三　四七九四　四七九五　四七九六　四七九七

四七九八　四七九九　四八〇〇　四八〇一

四八〇二　四八〇三　四八〇四

四八〇五　四八〇六　四八〇七　四八〇八

四八〇九　四八一〇　四八一一

四八一二　四八一三　四八一五

四八一四　四八一六　四八一七　四八一八　四八一九

四八二〇

四八二一　四八二二　四八二三

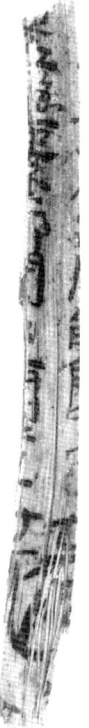

四八二四　四八二五　四八二七　四八三三

四八二六　四八二八　四八三四

四八二九　四八三〇　四八三二

四八三一　四八三七

四八三五

四八三六　四八三八

四八三九

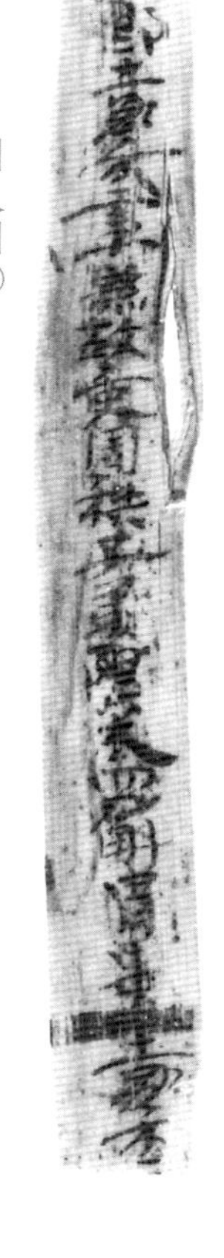
四八四〇

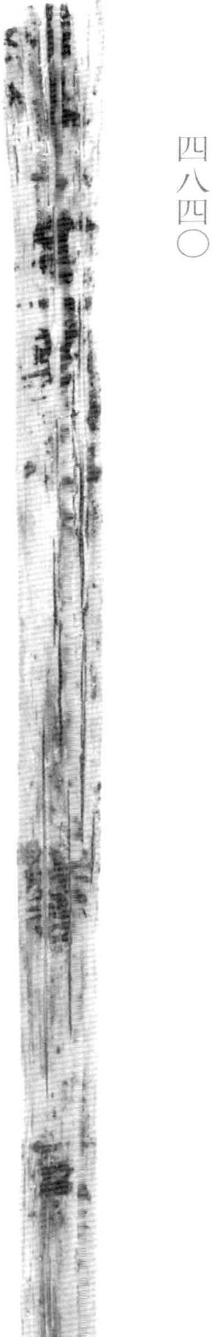
四八四一

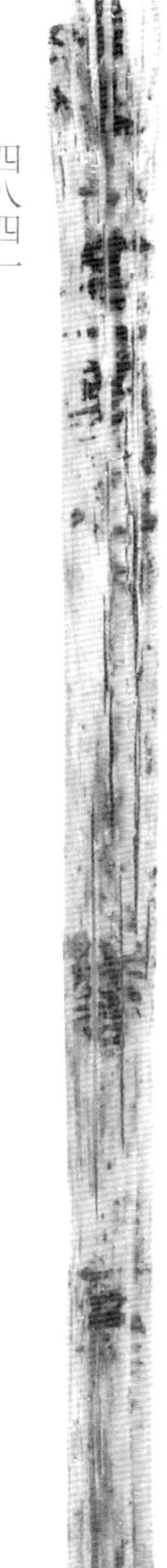
四八四二

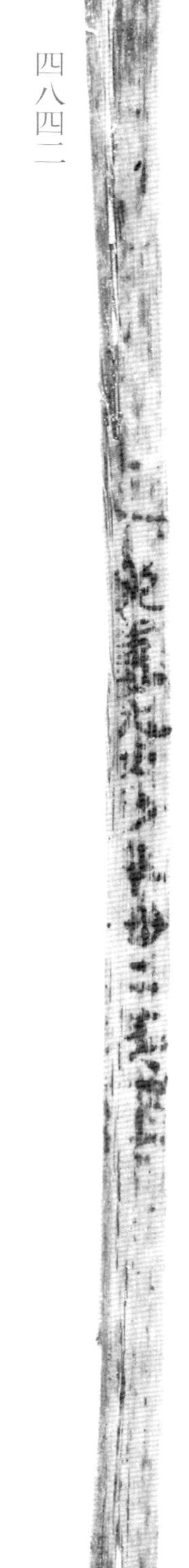
四八四三

四八四四

四八四五

四八四六

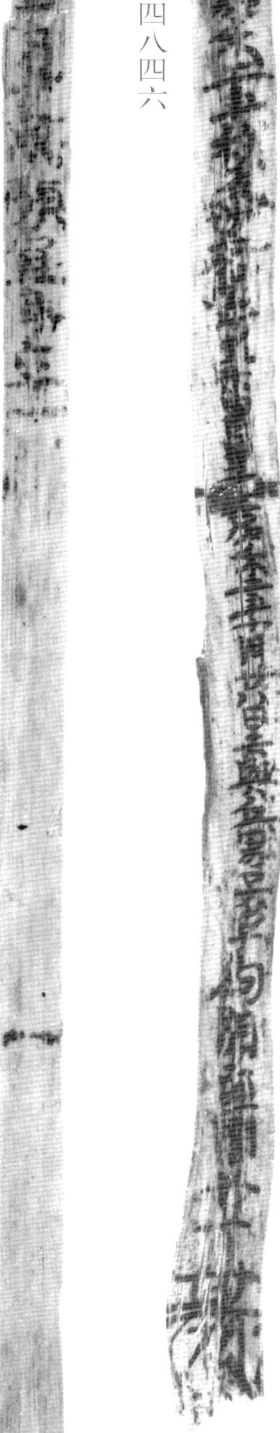
四八四七

四八四八

四八五〇　四八五三　四八五四

四八四九　四八五一

四八五二　四八五七

四八五五

四八五六

四八五八　四八五九

四八六〇

四八六一

四八六二

四八六三

四八六四

四八六五

四八六六

四八六七

四八六八

四八六九

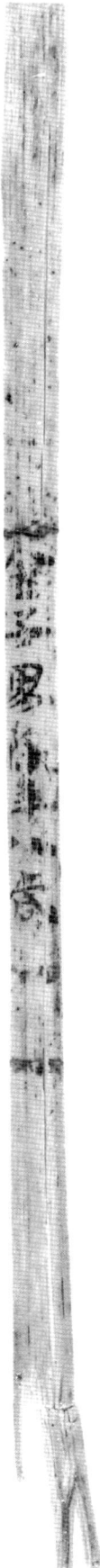

四八七〇

四八七一

四八七二

四八七三

四八七四

四八七五

四八七六

四八七七

四八七八

四八七九

四八八〇

四八八一

四八八二

四八八三

四八八四

四八八五

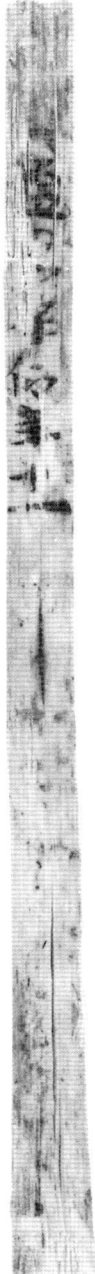

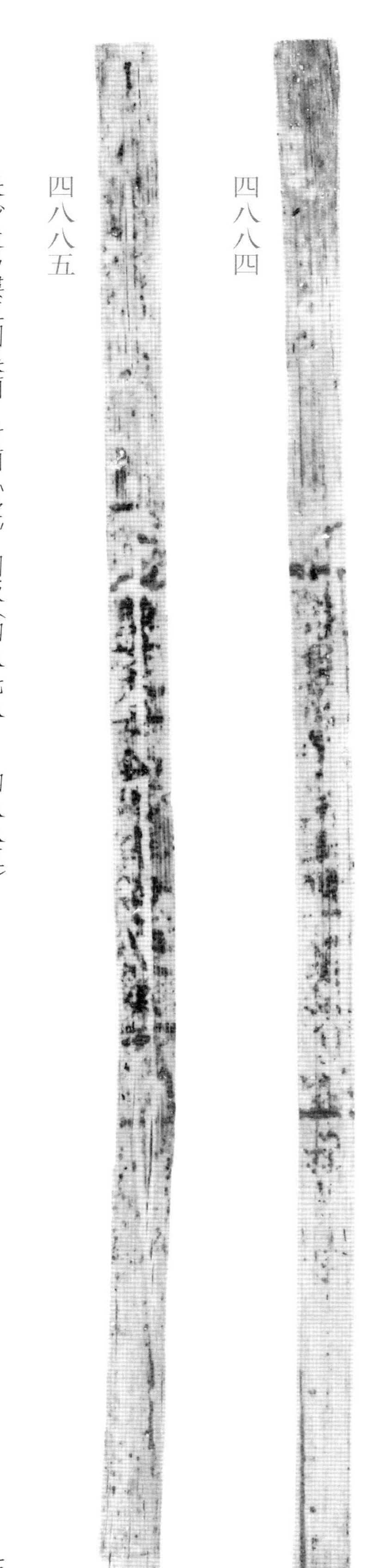

四八八六

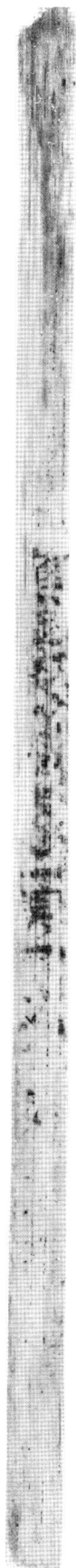

四八八七

四八八八

四八八九

四八九〇

四八九一

四八九二

四八九三

四八九四

四八九五

四八九六

四八九七

四八九八

四八九九

四九〇〇

四九〇一

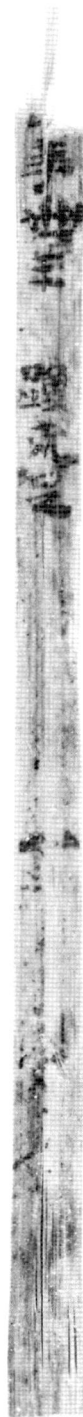

四九〇二
四九〇三
四九〇四
四九〇五
四九〇六
四九〇七
四九〇八
四九〇九

四九一〇

四九一一

四九一二

四九一三　四九一五

四九一四

四九一六　四九一七

四九一八

四九一九

四九二〇

四九二一

四九二二 四九二三 四九二五

四九二四

四九二六 四九二七

四九二八 四九二九 四九三三

四九三一 四九三二

四九三〇 四九三四 四九三五 四九三六

四九三七　四九三八　四九三九

四九四〇　四九四一

四九四二　四九四三　四九四四

四九四五　四九四八

四九四六

四九四七

四九四九

四九五〇

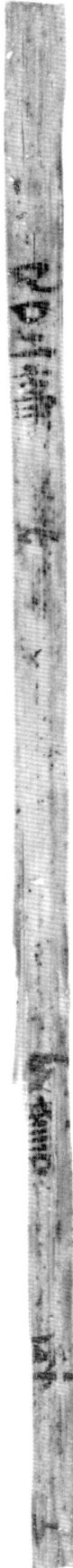

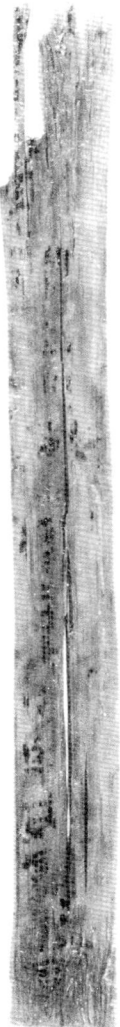

四九五一 四九五六

四九五二 四九五七 四九五八

四九五三 四九五五

四九五四 四九五九 四九六八

四九六〇 四九六一 四九六二 四九六三

四九六四 四九六五 四九六六

四九六七 四九六九 四九七〇

四九七一

四九七二

四九七三

四九七四

四九七五

四九七六

四九七七

四九七八

四九七九

四九八〇

四九八一

四九八二

四九八三

四九八四

四九八五

四九八六

四九八七

四九八八
四九八九　四九九五
四九九〇
四九九一
四九九二
四九九三
四九九四
四九九六

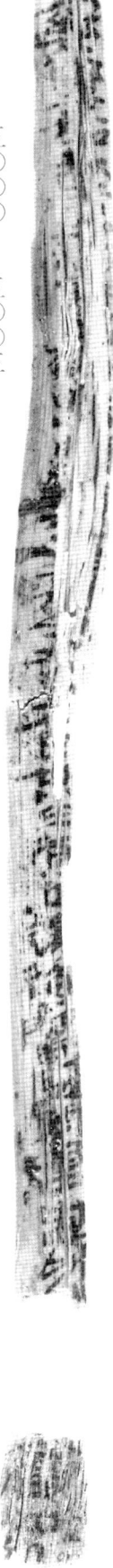

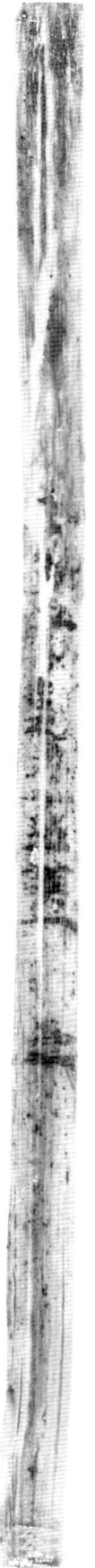

四九九七
四九九八
四九九九
五〇〇〇 五〇〇三
五〇〇一 五〇〇二 五〇〇五
五〇〇四 五〇〇六 五〇〇七 五〇〇八
五〇〇九 五〇一〇 五〇一一 五〇一二
五〇一三 五〇一四 五〇一五

五〇一六　五〇一七　五〇一八　五〇一九

五〇二〇　五〇二一　五〇二二

五〇二三　五〇二四　五〇二五　五〇二六　五〇二七

五〇二八　五〇二九　五〇三一　五〇三二

五〇三〇　五〇三三　五〇三六　五〇三九

五〇三四　五〇三五　五〇三七　五〇三八

五〇四〇　五〇四一　五〇四二　五〇四三　五〇四五

五〇四四　五〇四六　五〇四七　五〇四八　五〇四九

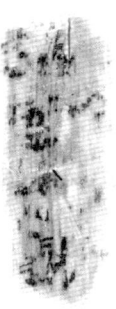

五〇五〇 五〇五一 五〇五二 五〇五三

五〇五四 五〇五五 五〇五六 五〇五八

五〇五七 五〇五九 五〇六〇 五〇六二

五〇六一 五〇六三 五〇六四 五〇六五 五〇六六

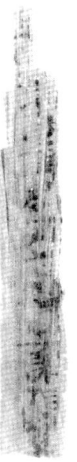

五〇六七 五〇六八 五〇六九 五〇七〇 五〇七一

五〇七二 五〇七三 五〇七四 五〇七五 五〇七六

五〇七七 五〇七八 五〇七九 五〇八〇

五〇八一 五〇八二 五〇八三 五〇八四 五〇八五

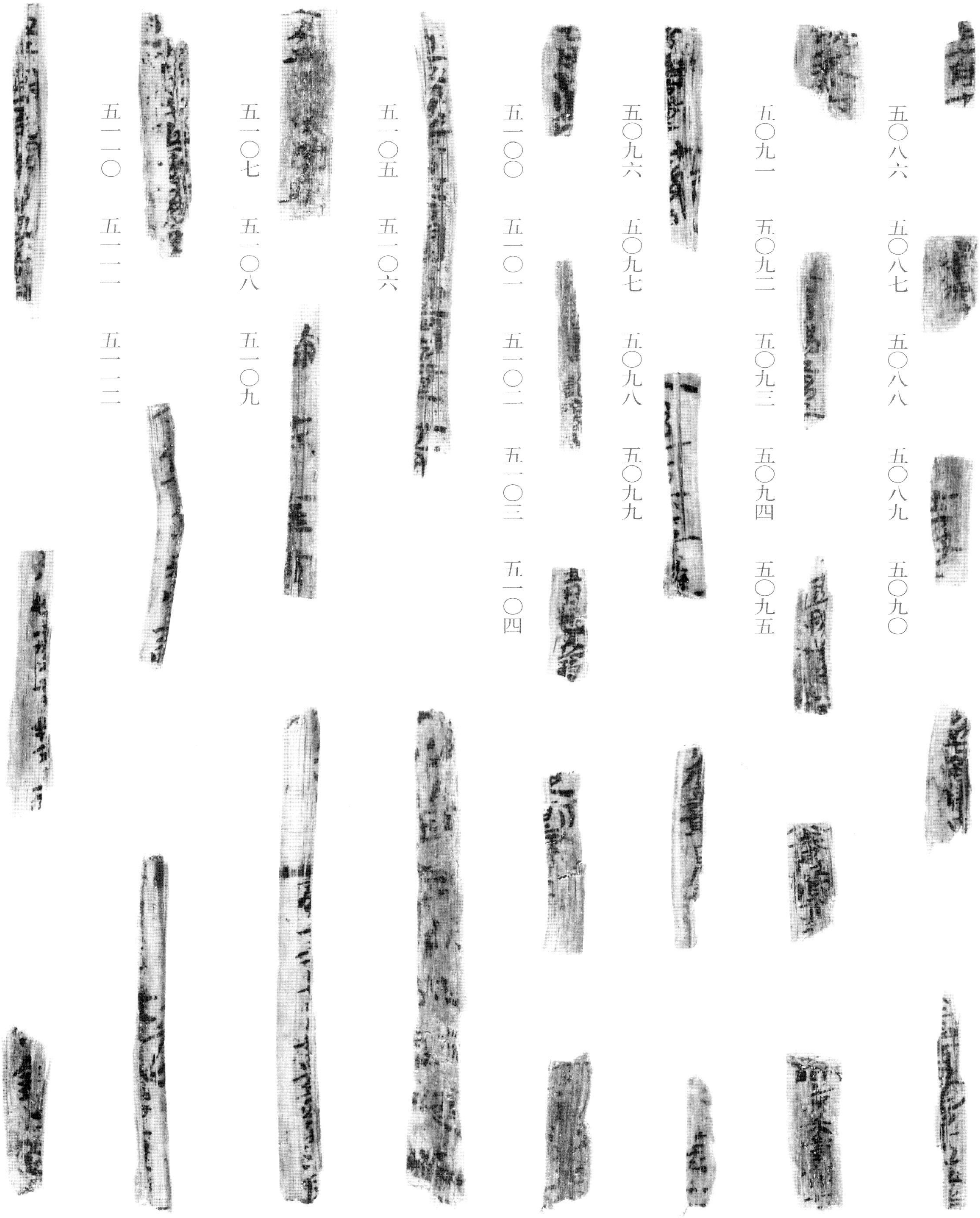

五〇八六 五〇八七 五〇八八 五〇八九 五〇九〇

五〇九一 五〇九二 五〇九三 五〇九四 五〇九五

五〇九六 五〇九七 五〇九八 五〇九九

五一〇〇 五一〇一 五一〇二 五一〇三 五一〇四

五一〇五 五一〇六

五一〇七 五一〇八 五一〇九

五一一〇 五一一一 五一一二

五一一三 五一一四 五一一五

五一一六　五一一七

五一一八

五一二〇　五一一九

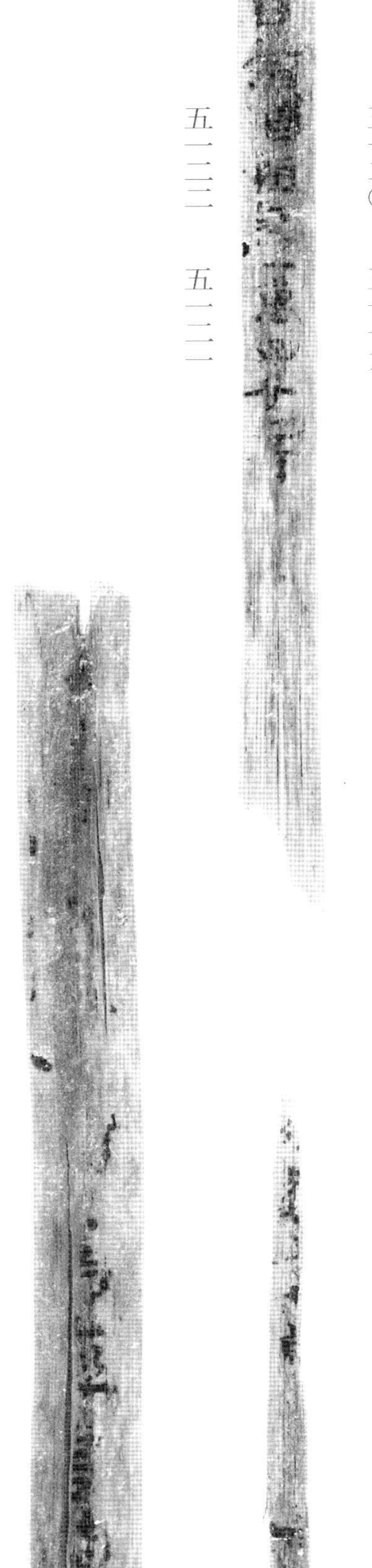
五一二二　五一二一

五一二三

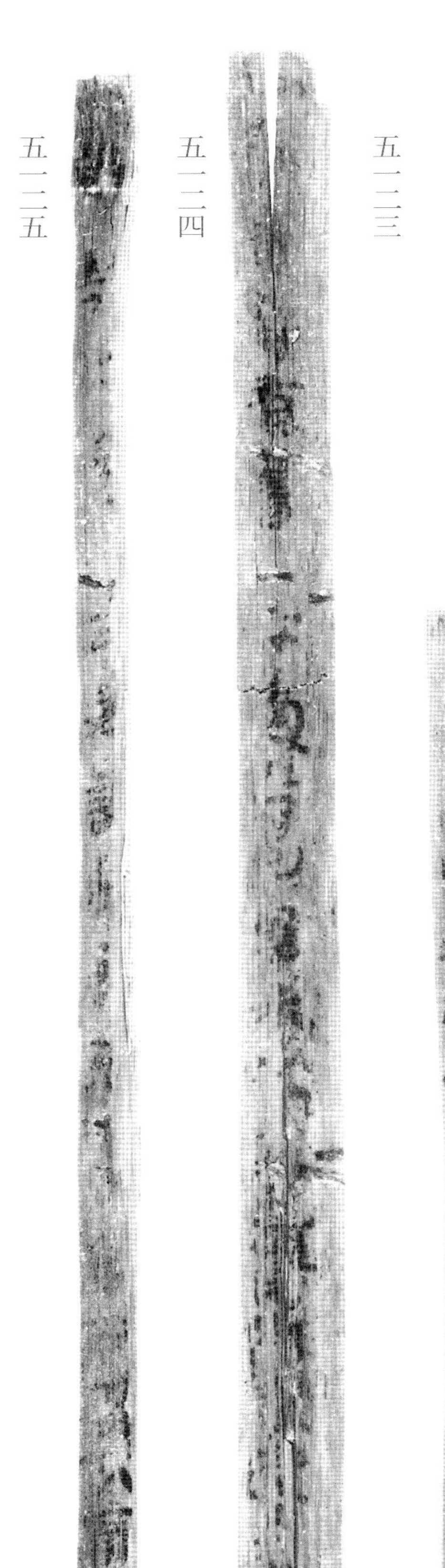
五一二四

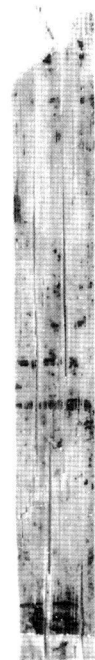

五一二五

五一二六

五一二七

五一二八　五一二九　五一三三

五一三〇　五一三一　五一三五

五一三二　五一三四

五一三六

五一三七

五一三八

五一三九

五一四〇

五一四一

五一四二

五一四三

五一四四

五一四五

五一四六

五一四七

五一四八

五一四九

五一五〇

五一五一

五一五二

五一五三

五一五四

五一五五

五一五六

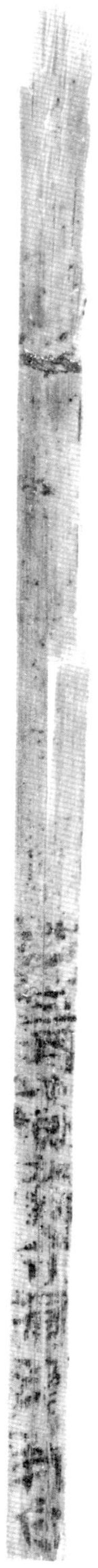

五一五七

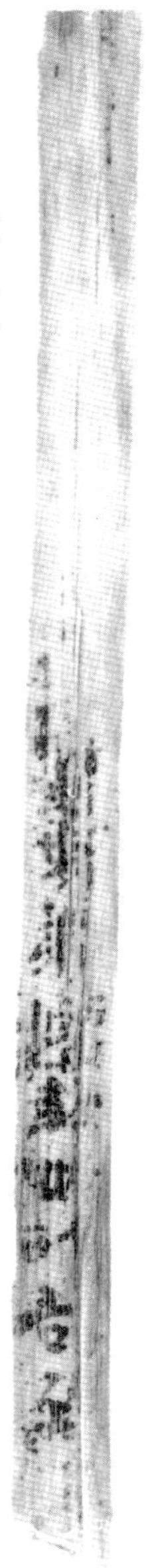

五一五八

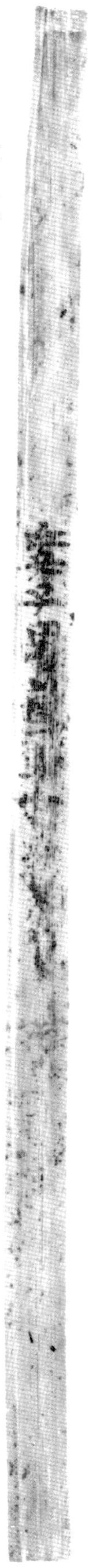

五一五九

五一六〇

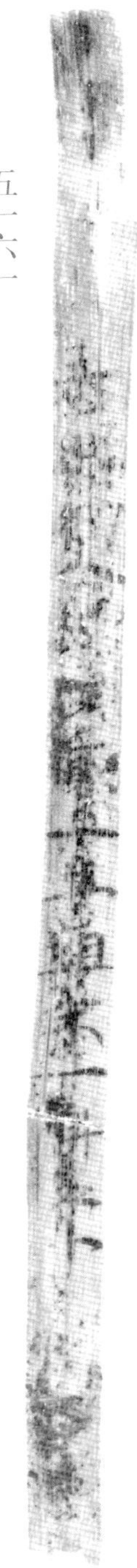

五一六一

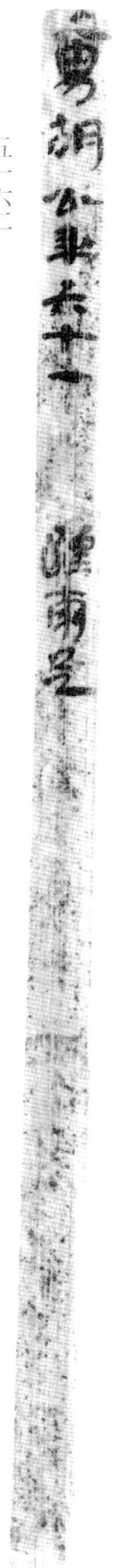

五一六二

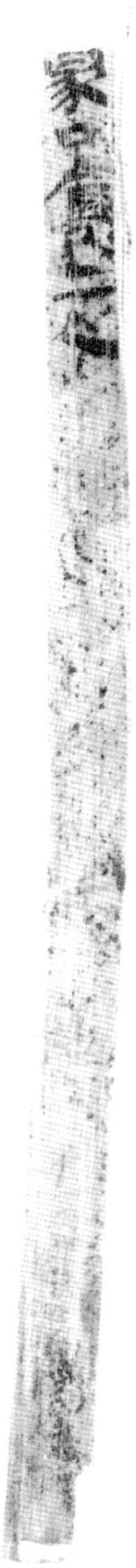

五一六三

五一六四

五一六五

五一六六

五一六七

五一六八

五一六九

五一七〇

五一七一

五一七二

五一七三

五一七四

五一七五

五一七六

五一七七

五一七八

五一七九

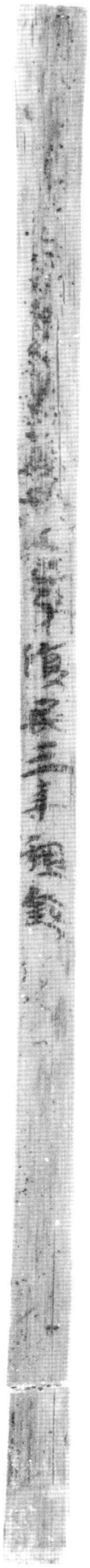

五一八〇

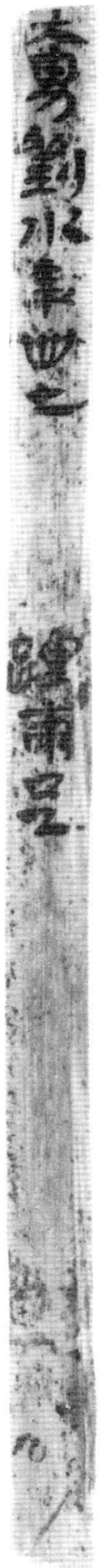

五一八一

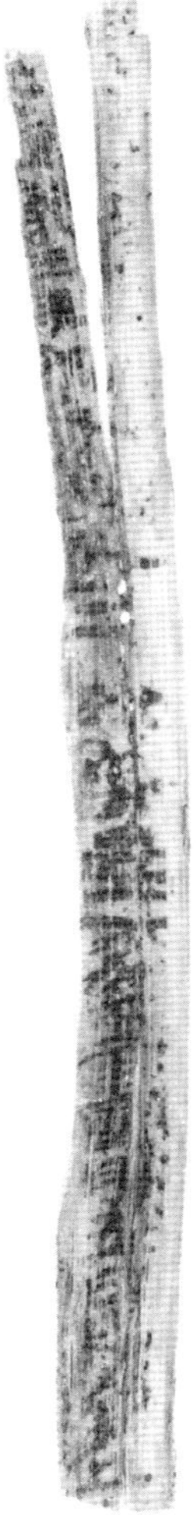

五一八二

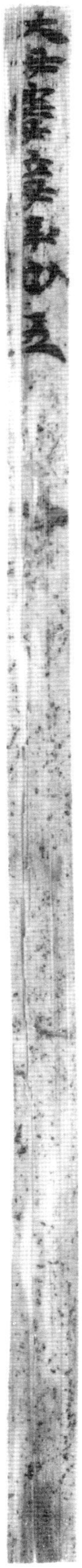

五一八三

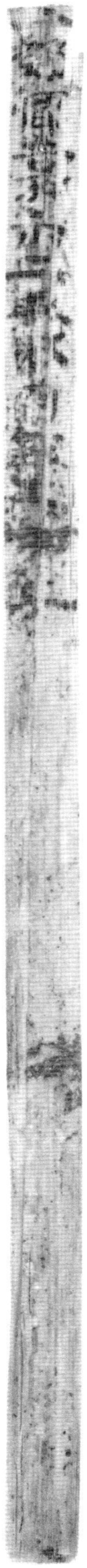

五一八四

五一八五

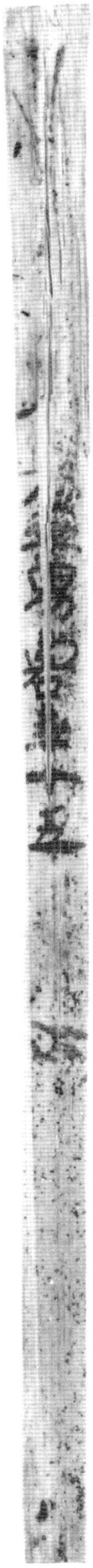

五一八六

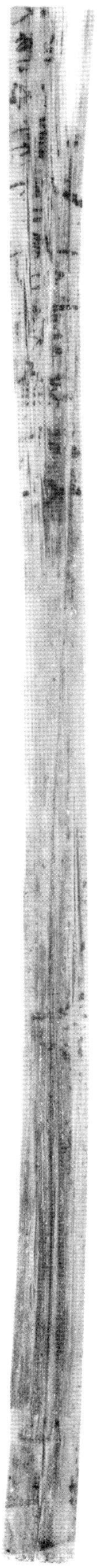

五一八七

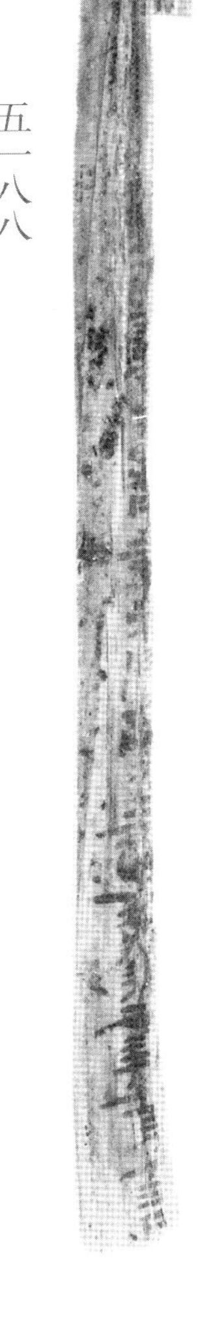

五一八八

五一八九

五一九〇

五一九一

五一九二

五一九三

五一九四

五一九五

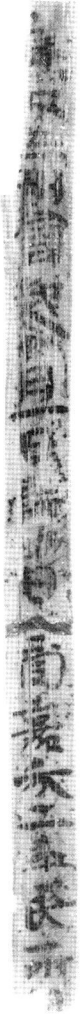

五一九六

五一九七

五一九八

五一九九

五二〇〇

五二〇一

五二〇二

五二〇三

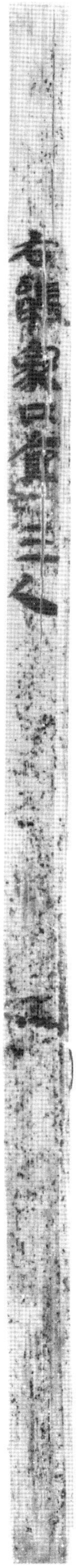

五二〇四

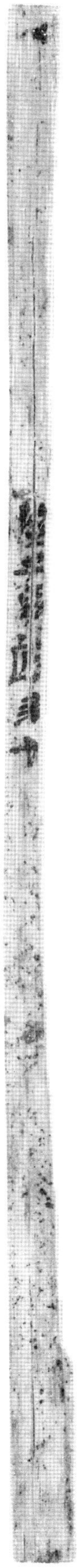

五二〇五

五二〇六

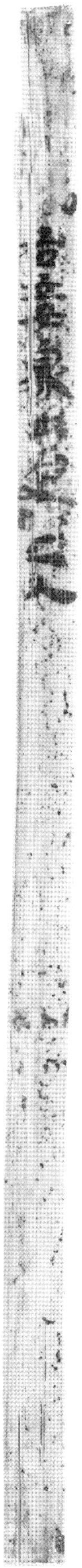

五二〇七

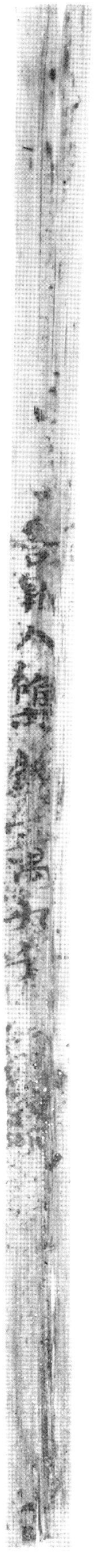

五二〇八

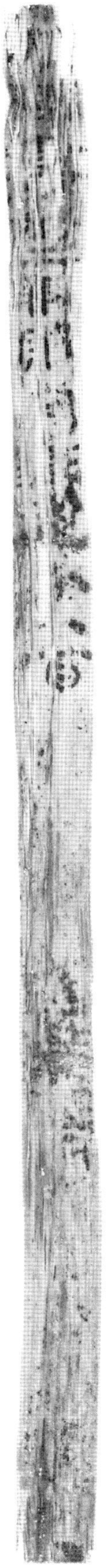

五二〇九

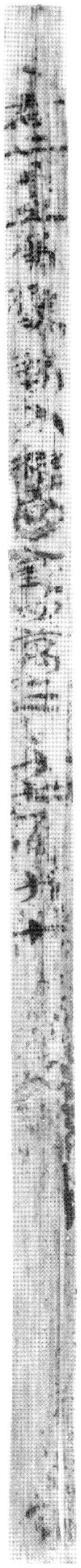

五二一〇

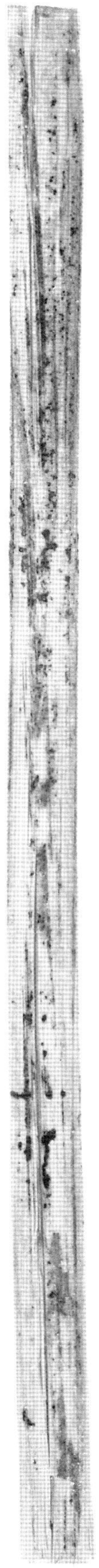

五二一一

五二一二 五二一三 五二一四 五二一五 五二一六 五二一七 五二一八 五二一九

五二二〇

五二二一

五二二二

五二二三

五二二四

五二二五

五二二六

五二二七

五二二八

五二二九

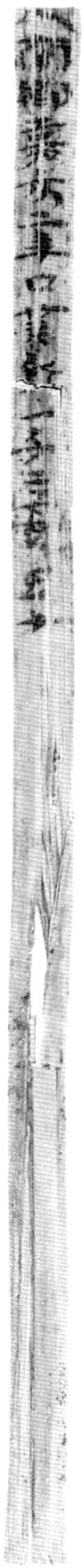

五二三〇

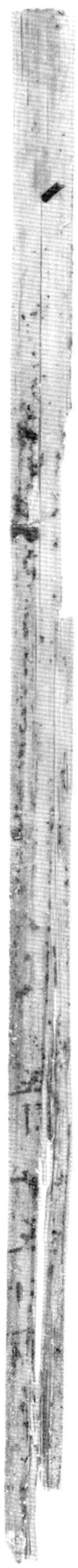

五二三一

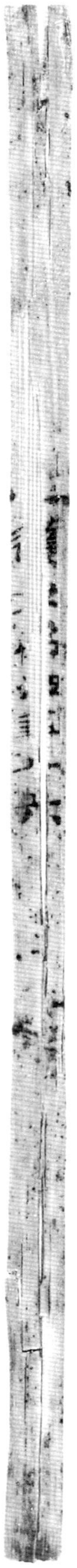

五二三二

五二三三

五二三四

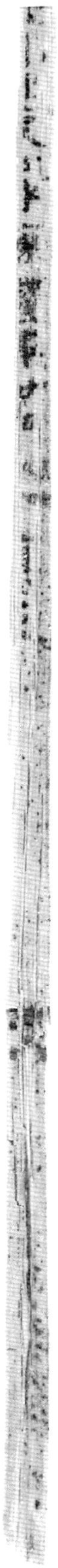

五二三五

五二三六　五二三九

五二三七

五二三八

五二四〇

五二四一

五二四二

五二四三

五二四四

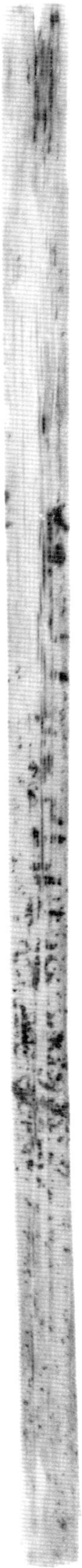

五二四五

五二四六

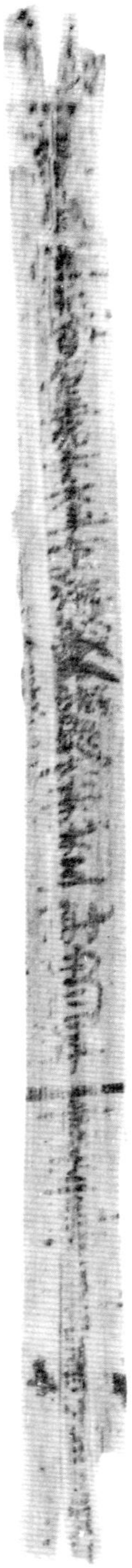

五二四七

五二四八

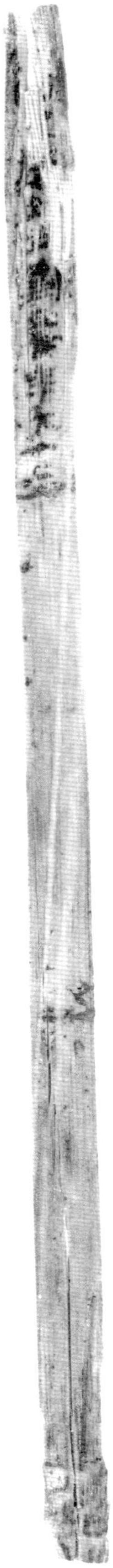

五二四九

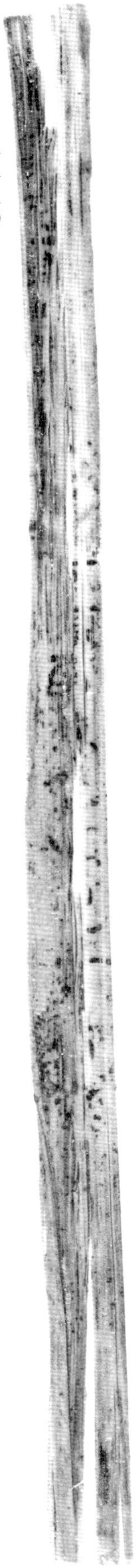

五二五〇

五二五一

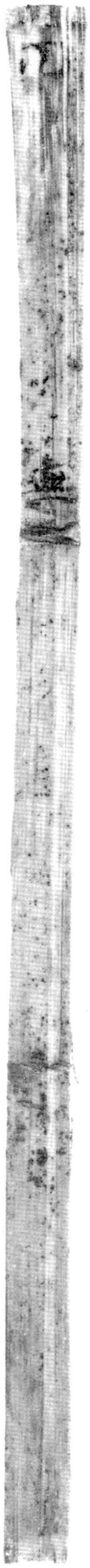

五二五二

五二五三

五二五四

五二五五

五二五六

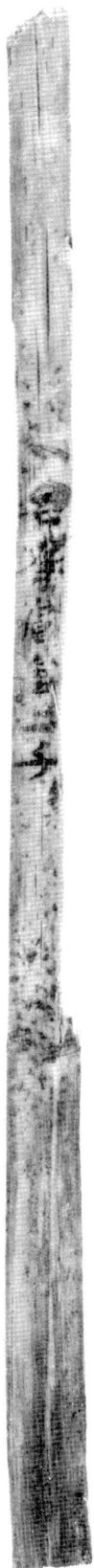

五二五七

五二五八

五二五九

五二六〇

五二六一

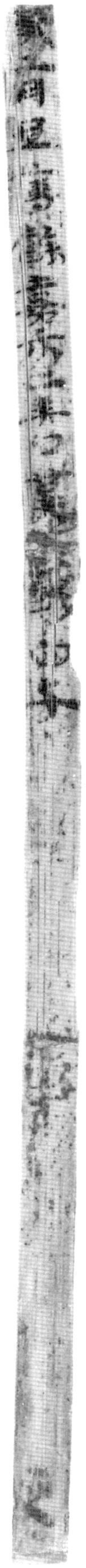

五二六二

五二六三

五二六四

五二六五

五二六六

五二六七

五二六八

五二六九

五二七〇

五二七一

五二七二

五二七三

五二七四

五二七五

五二七六

五二七七

五二七八　五二八三

五二七九

五二八〇

五二八一

五二八二

五二八四

五二八五

五二八六

五二八七

五二八八

五二八九

五二九〇

五二九一

五二九二

五二九三

五二九四

五二九五　五三〇〇

五二九六

五二九七

五二九八

五二九九

五三〇一

五三〇二

五三〇三

五三〇四

五三〇五

五三〇六

五三〇七

五三〇八

五三〇九

五三一〇

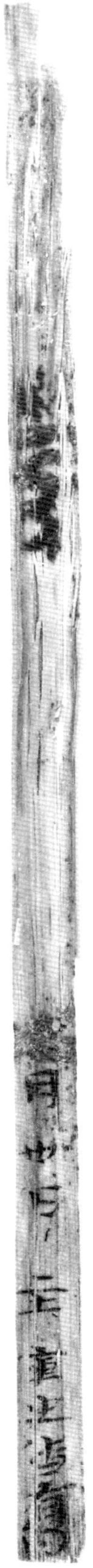

五三一一

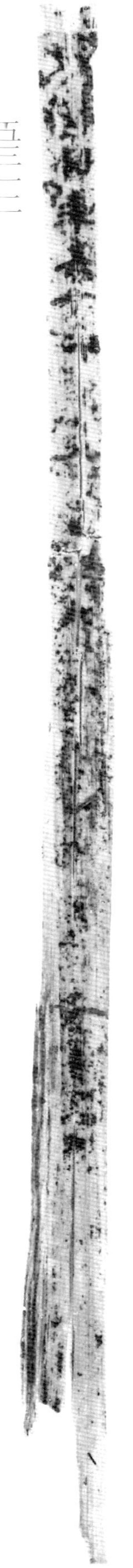

五三一二

五三一三

五三一四

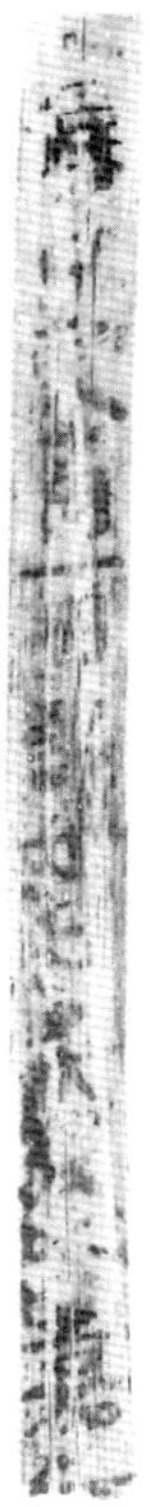

五三一五

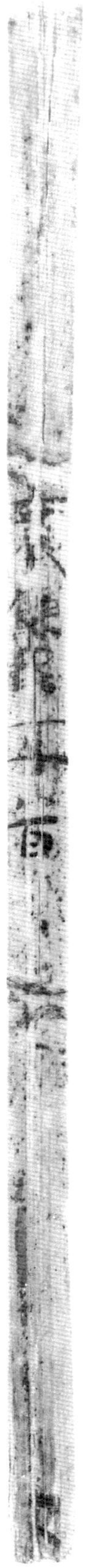

五三一六

五三一七

五三一八

五三一九

五三二〇

五三二一

五三二二

五三二三

五三二四

五三二五

五三二六

五三二七

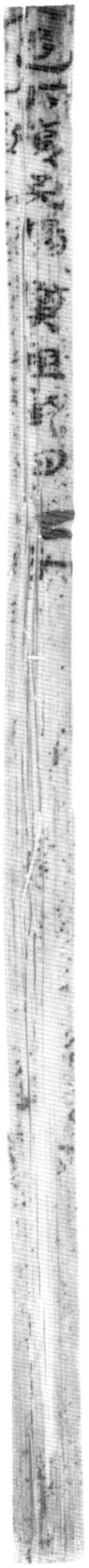

五三二八

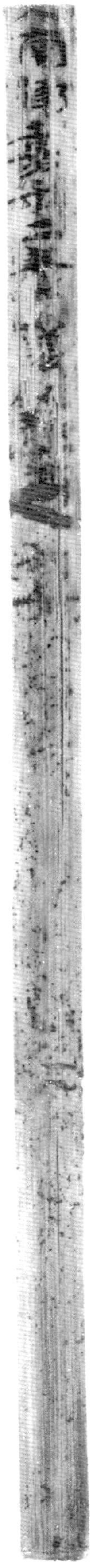

五三二九

五三三〇

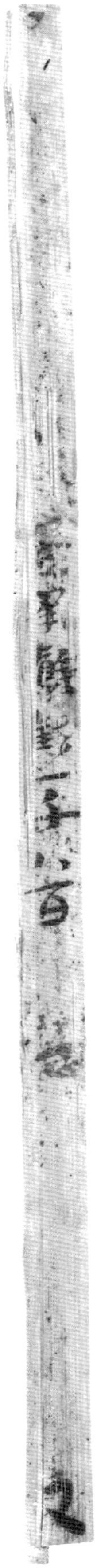

五三三一

五三三二

五三三三

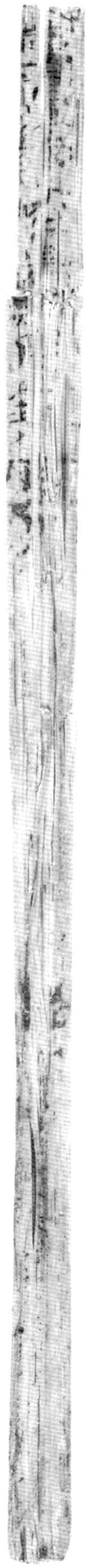

五三三四

五三三五 五三三六 五三三七 五三三八 五三三九 五三四〇 五三四一 五三四二

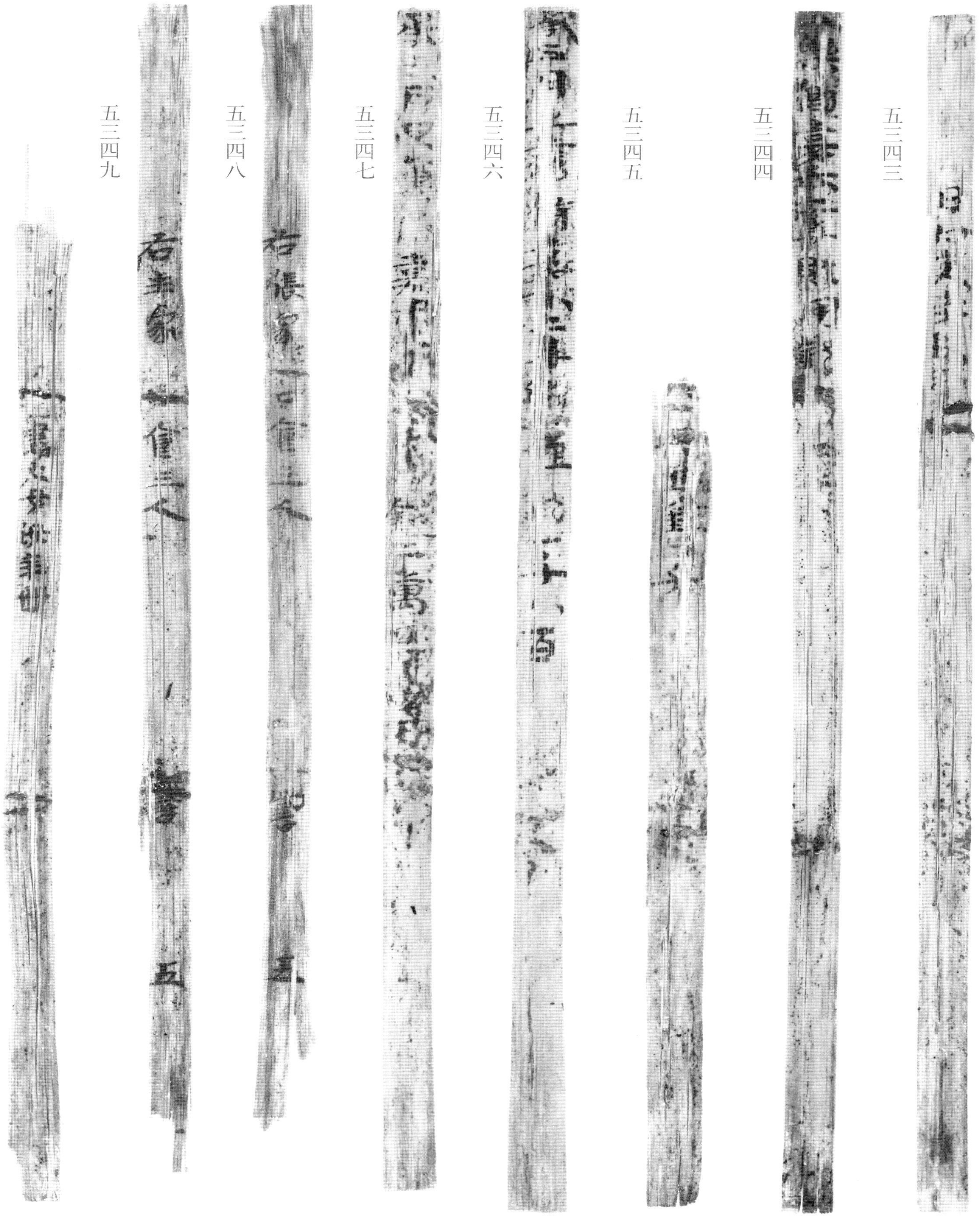

五三四三

五三四四

五三四五

五三四六

五三四七

五三四八

五三四九

五三五〇

五三五一

五三五二

五三五三

五三五四

五三五五

五三五六

五三五七

五三五八

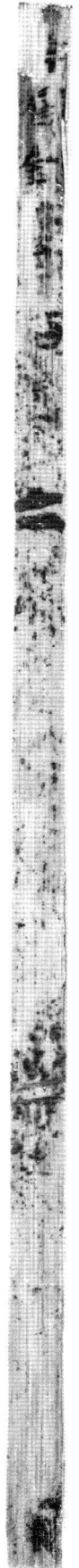

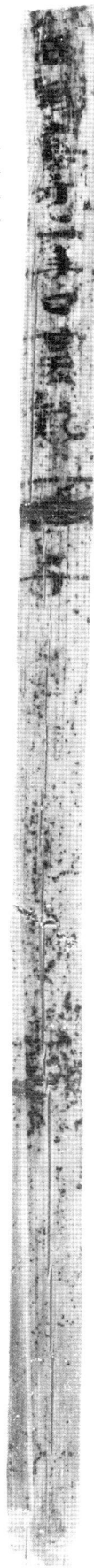

五三五九

五三六〇

五三六一

五三六二

五三六三

五三六四

五三六五

五三六六

五三六七

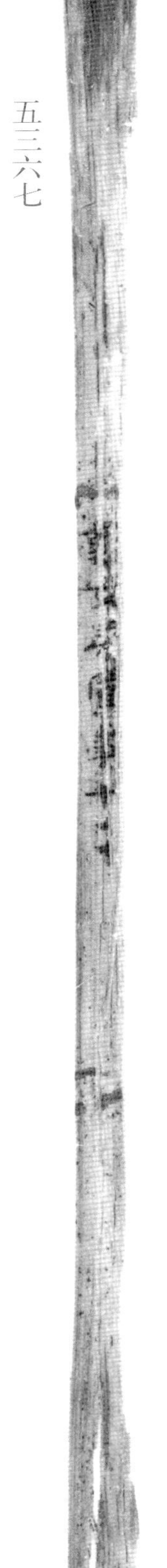

五三六八

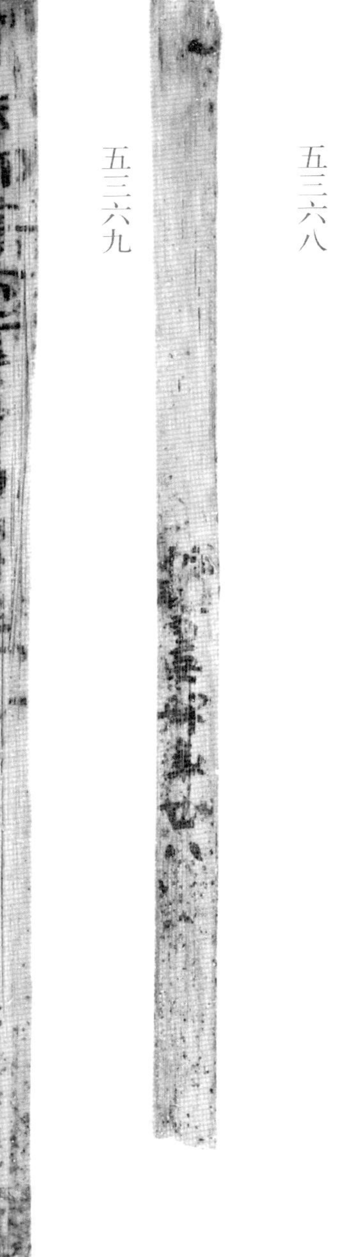

五三六九

五三七〇

五三七一

五三七二

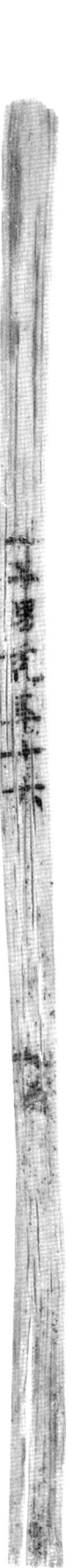

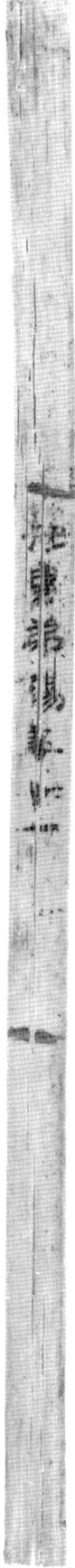

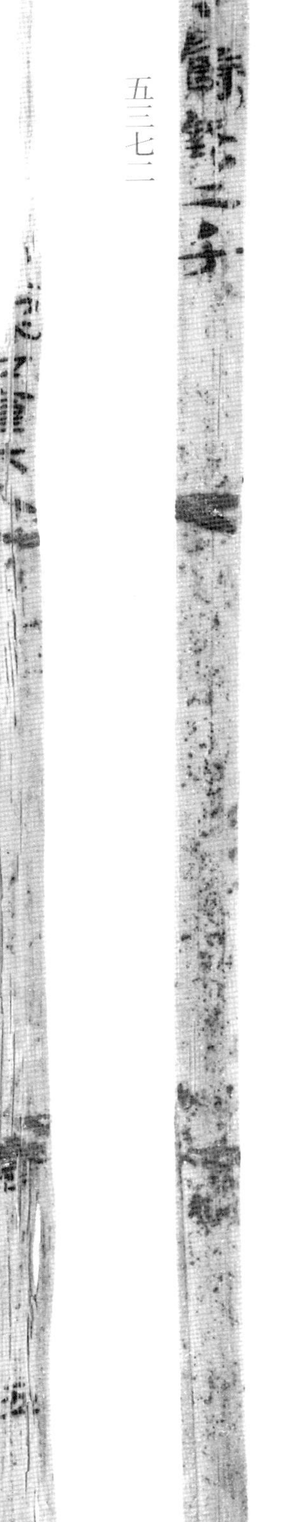

五三七三

五三七四

五三七五

五三七六

五三七七

五三七八

五三七九

五三八〇

五三八一

五三八二

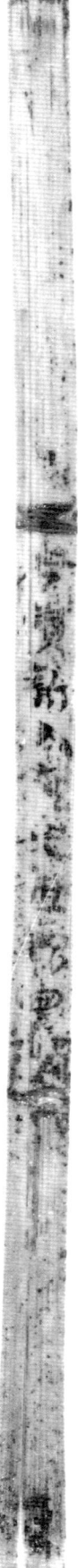

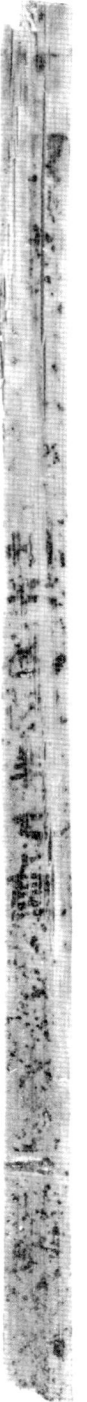

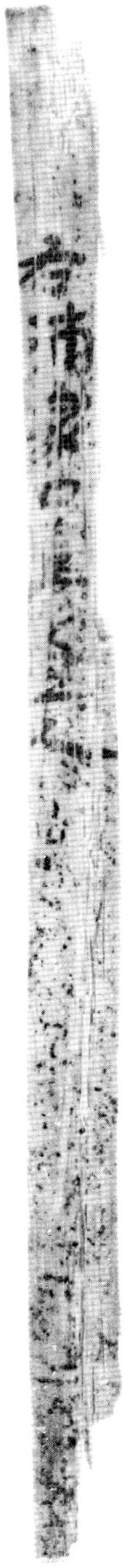

五三八三

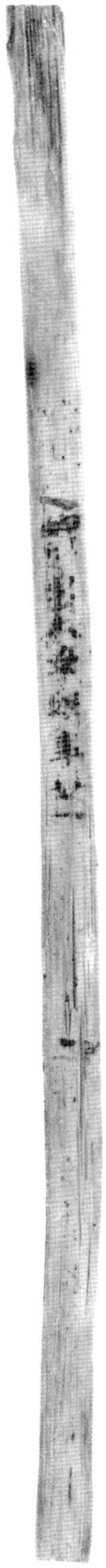

五三八四

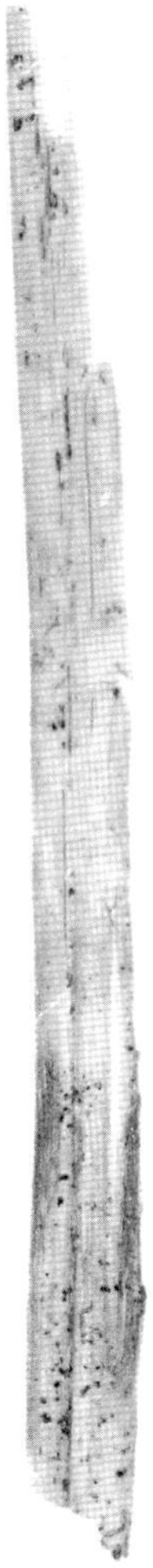

五三八五 五三八九

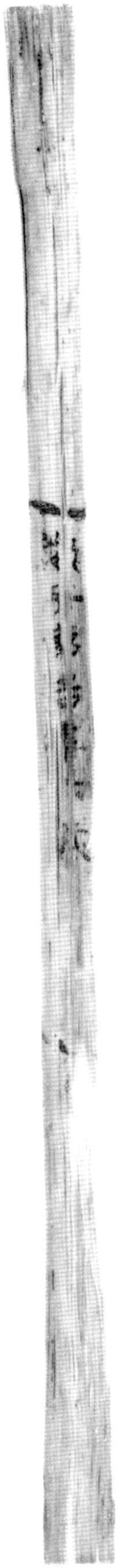

五三八六

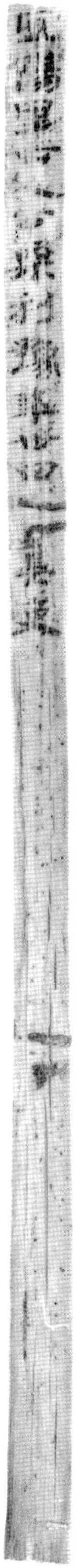

五三八七

五三八八

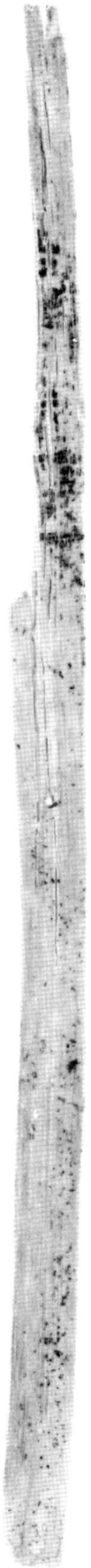

五三九〇

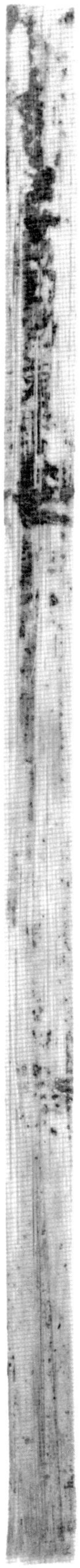

五三九一

五三九二

五三九三

五三九四

五三九五

五三九六

五三九七

五三九八

五三九九

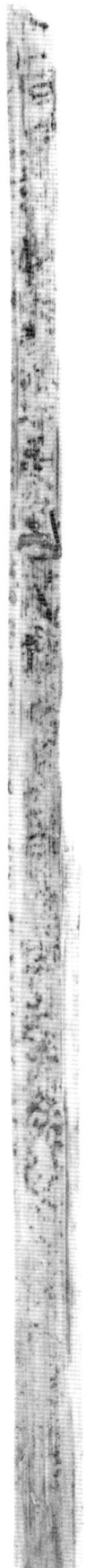

五四〇〇

五四〇一

五四〇二

五四〇三

五四〇四

五四〇五

五四〇六

五四〇七

五四〇八

五四〇九

五四一〇

五四一一

五四一二

五四一三

五四一四

五四一五

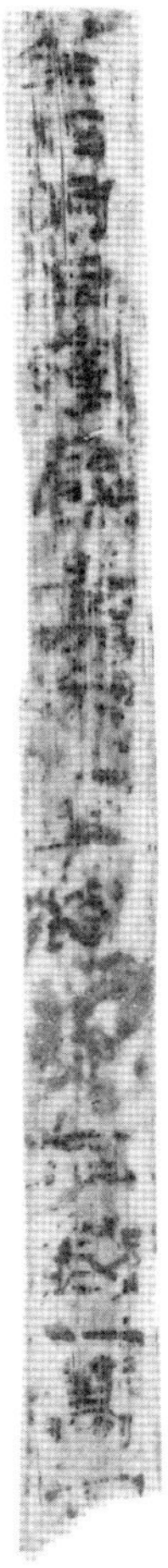

五四一六

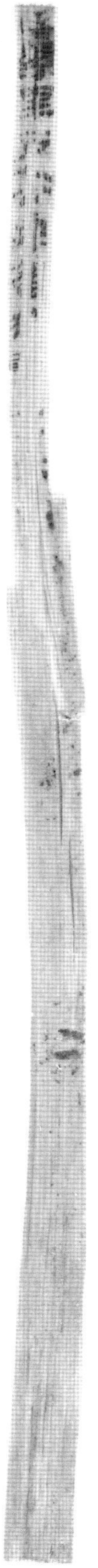

五四一七

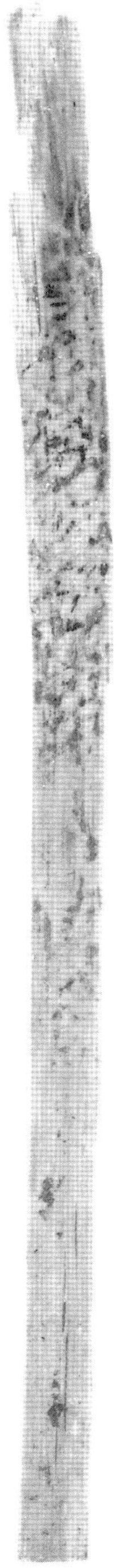

五四一八

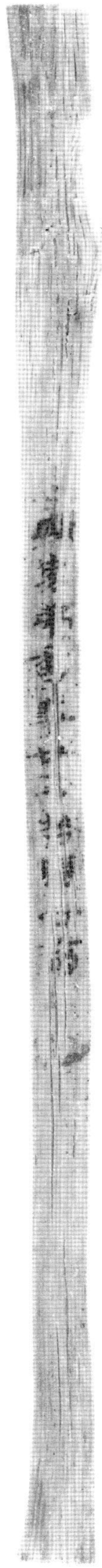

五四一九

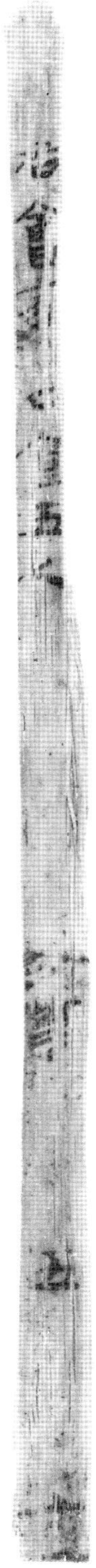

五四二〇

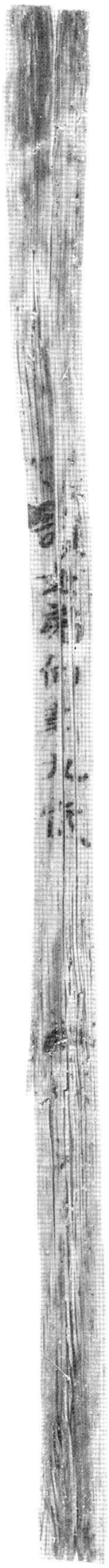

五四二一

五四二二

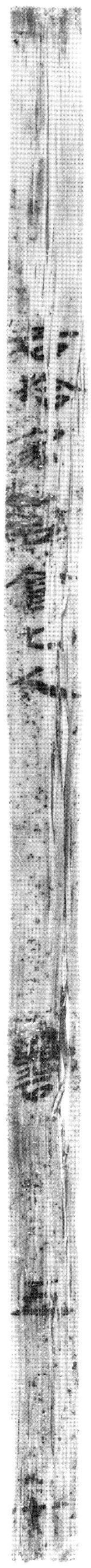

五四二三

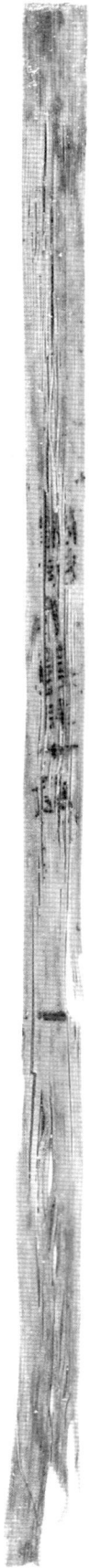

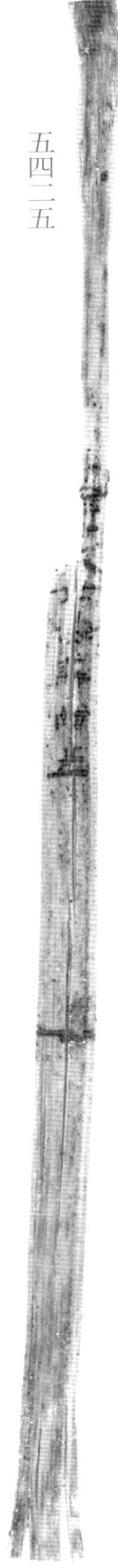

五四二四

五四二五

五四二六

五四二七

五四二八

五四二九

五四三〇

五四三一

五四三二

五四三三

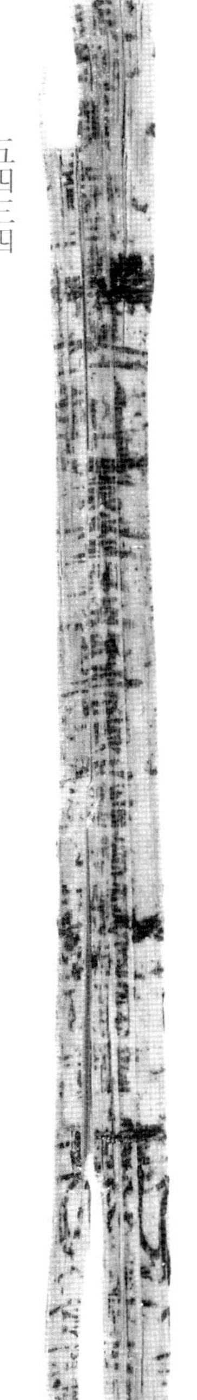

五四三四

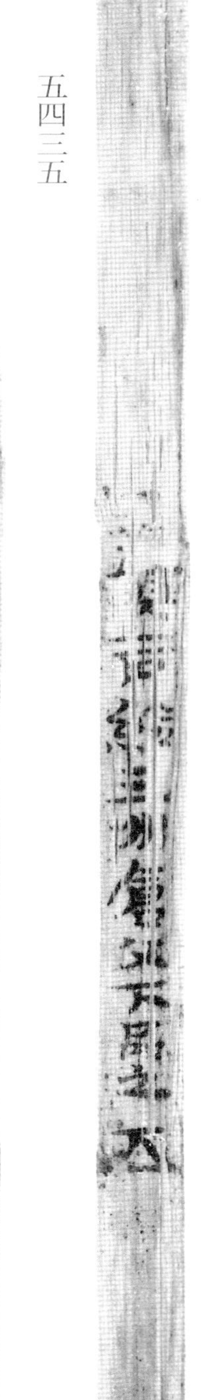

五四三五

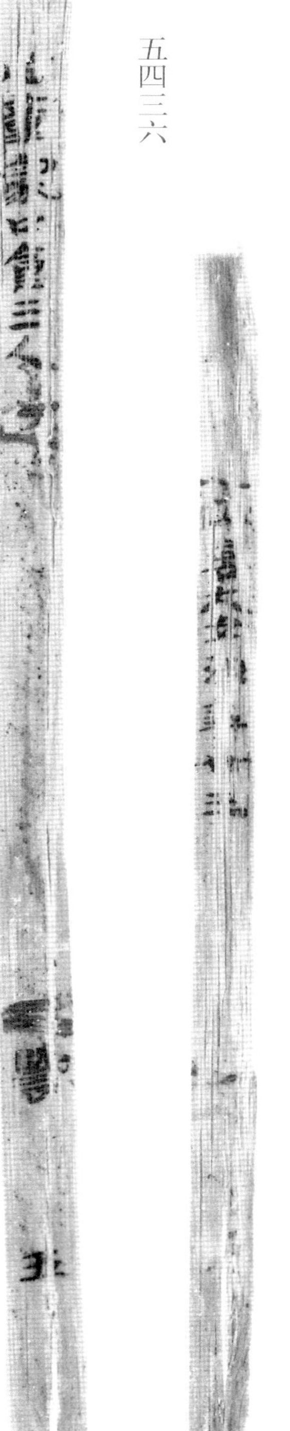

五四三六

五四三七

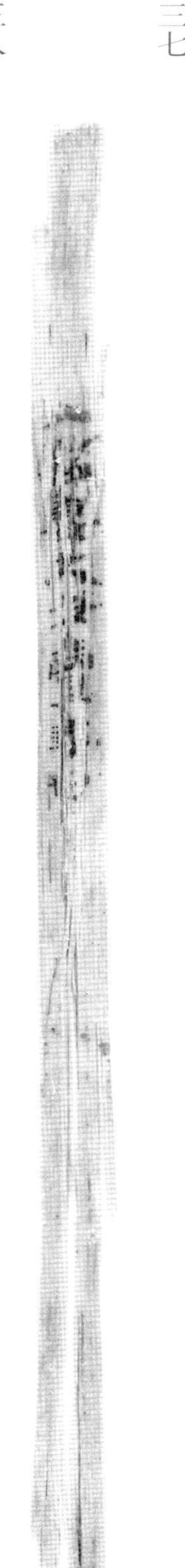

五四三八

五四三九

五四四〇

五四四一

五四四二

五四四三

五四四四

五四四五

五四四六

五四四七

五四四八
五四四九
五四五〇
五四五一
五四五二
五四五三
五四五四
五四五五

五四五六

五四五七

五四五八

五四五九

五四六〇

五四六一

五四六二

五四六三

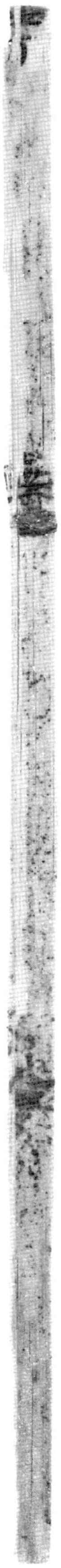

五四六四

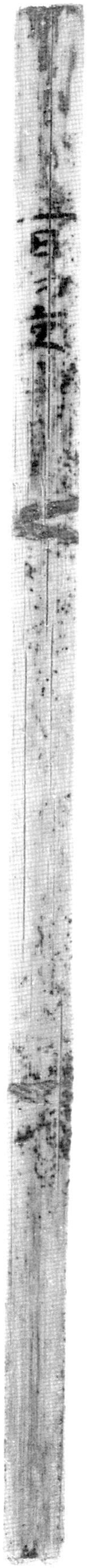

五四六五

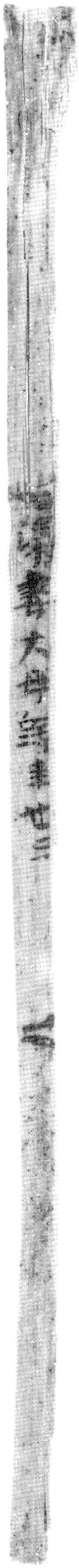

五四六六

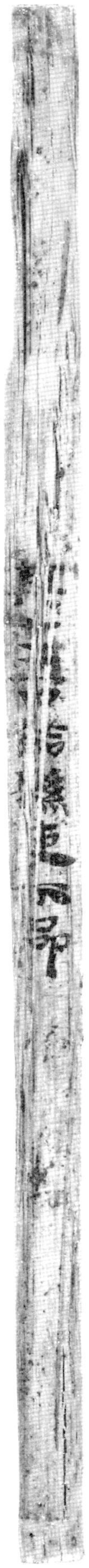

五四六七

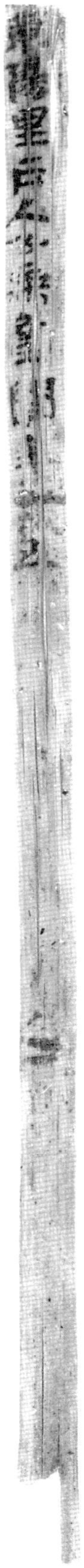

五四六八

五四六九

五四七〇

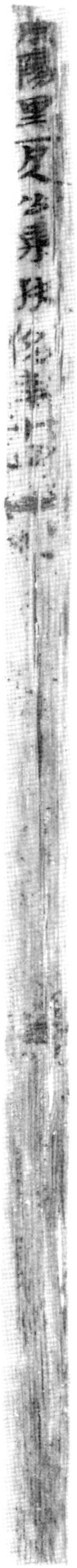

五四七一

五四七二

五四七三

五四七四

五四七五

五四七六

五四七七

五四七八

五四七九

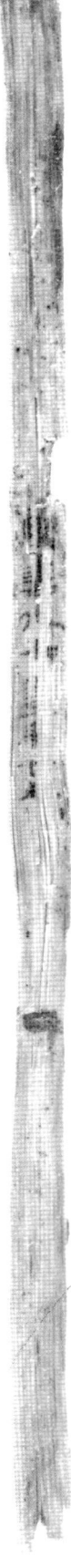

五四八〇

五四八一

五四八二

五四八三

五四八四

五四八五

五四八六

五四八七

五四八八

五四八九

五四九〇

五四九一

五四九二

五四九三

五四九四

五四九五

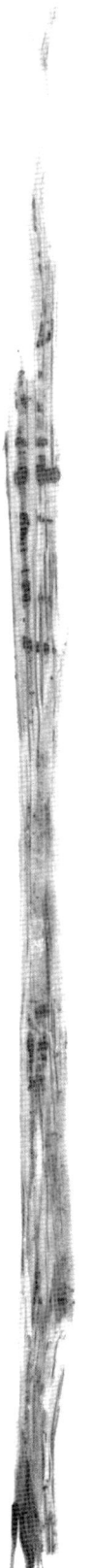

五四九六

五四九七

五四九八

五四九九

五五〇〇

五五〇一

五五〇二

五五〇三

五五〇四

五五〇五

五五〇六

五五〇七甲　五五〇七乙

五五〇八

五五〇九

五五一〇

五五一一

五五一二
五五一三
五五一四
五五一五
五五一六
五五一八
五五一七
五五一九
五五二〇
五五二一

五五二二

五五二三

五五二四

五五二五

五五二六

五五二七

五五二八

五五二九

五五二〇
五五二一
五五二二
五五二三
五五二四
五五二五
五五二六
五五二七

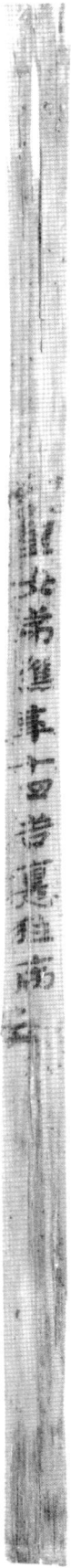

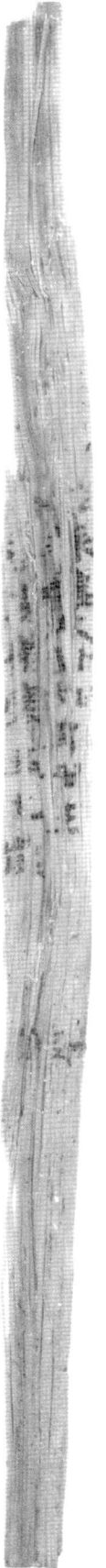

五五三八

五五三九

五五四〇

五五四一

五五四二

五五四三

五五四四

五五四五

五五四六
五五四七
五五四八
五五四九
五五五〇
五五五一
五五五二
五五五三
五五五四

五五五五

五五五六

五五五七

五五五八

五五五九

五五六〇

五五六一

五五六二

五五六三

五五六四

五五六五

五五六六

五五六七

五五六八

五五六九

五五七〇

五五七一

五五七二

五五七三

五五七四　五五七七

五五七五　五五七六

五五七八

五五七九

五五八〇　五五八一

五五八二 五五八三 五五九一

五五八四

五五八五 五五八六

五五八七

五五八八 五五九〇

五五八九 五五九二

五五九三 五五九四

五五九五

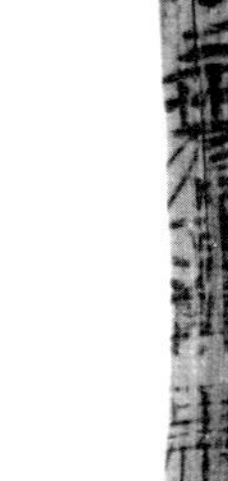

五五九六　五六〇三

五五九七　五六〇五

五五九八　五五九九

五六〇〇　五六〇一

五六〇二　五六〇六

五六〇四

五六〇七　五六〇八

五六〇九　五六一〇　五六一一

五六一二　五六一三　五六一四

五六一五　五六一六　五六一七

五六一八　五六一九　五六二一

五六二〇　五六二二　五六二三

五六二四　五六二六

五六二五

五六二七

五六二八

五六二九

五六三〇

五六三一

五六三二

五六三三

五六三四

五六三五

五六三六

五六三七 五六三八 五六三九 五六四〇 五六四一 五六四二 五六四三 五六四四

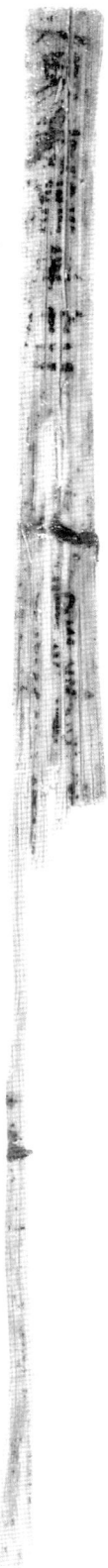

五六四五

五六四六

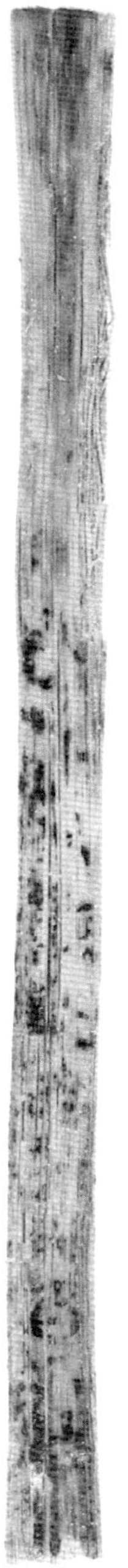

五六四七

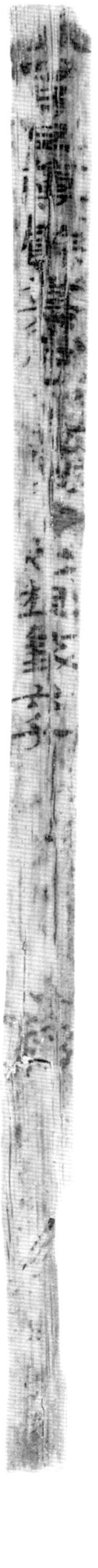

五六四八

五六四九

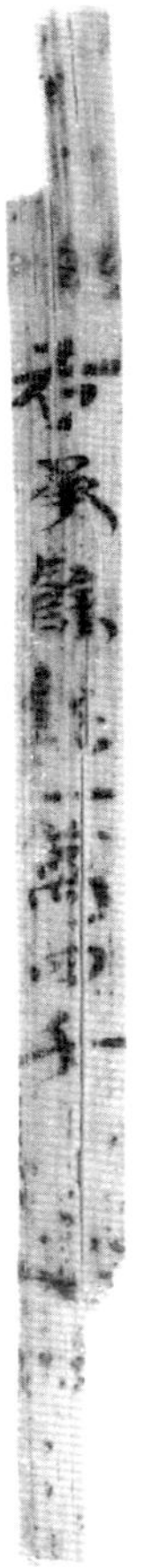

五六五〇

五六五一

五六五二

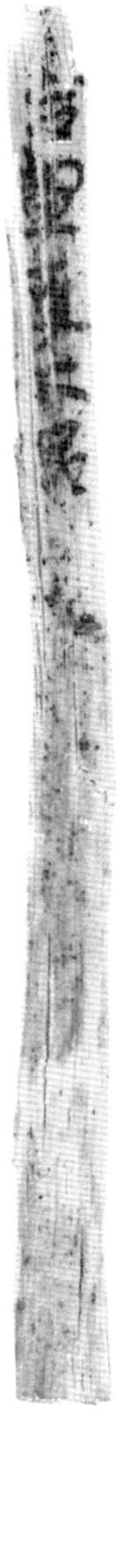

五六五三
五六五四
五六五五
五六五六
五六五七
五六五八
五六五九
五六六〇

五六六一

五六六二

五六六三

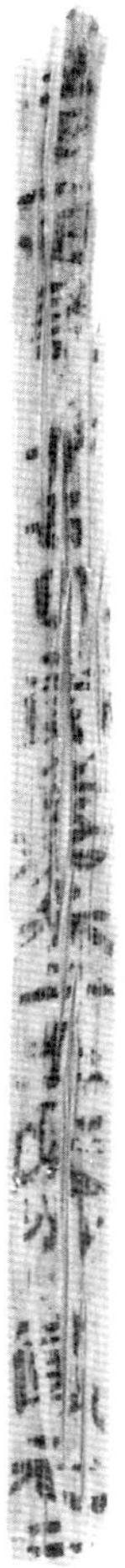

五六六四

五六六五

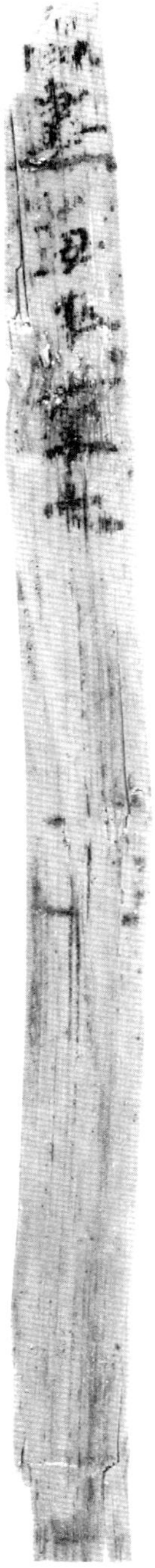

五六六六

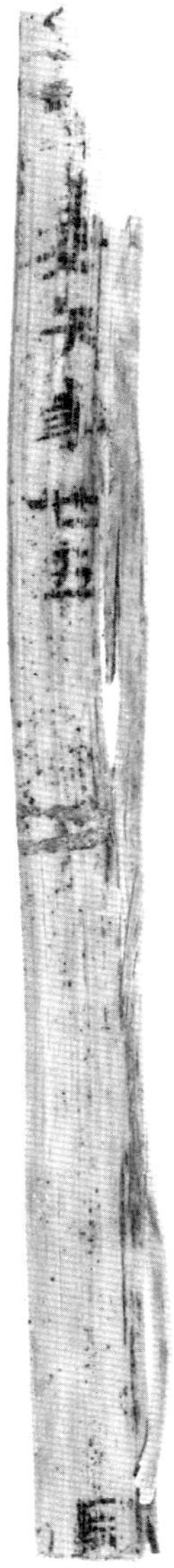

五六六七

五六六八

五六六九　五六七〇

五六七一　五六七三

五六七二

五六七四　五六七五

五六七六

五六七七

五六七八

五六七九

五六八〇　五六八八

五六八一

五六八二　五六八四

五六八三

五六八五

五六八六

五六八七

五六八九

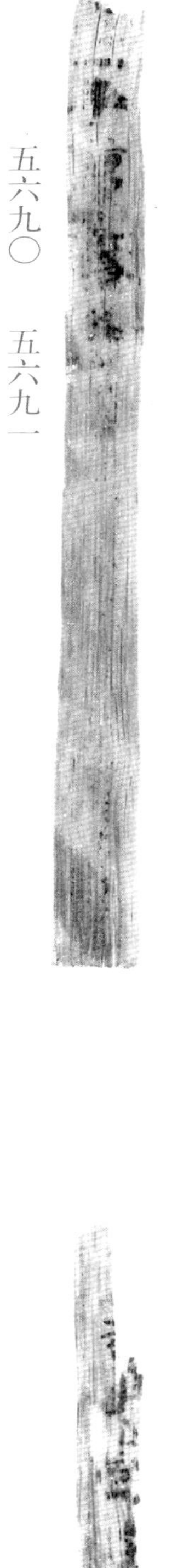

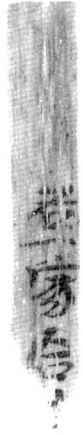

五六九〇　五六九一

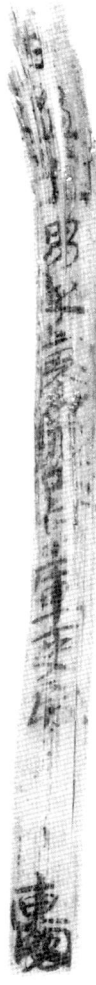

五六九二　五六九三　五六九四

五六九五　五六九六

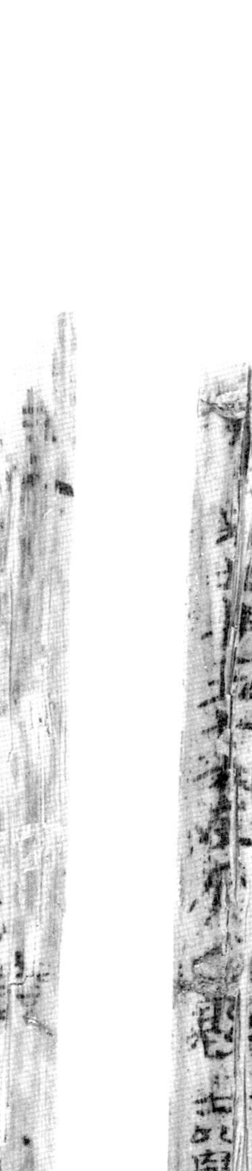

五六九七

五六九八

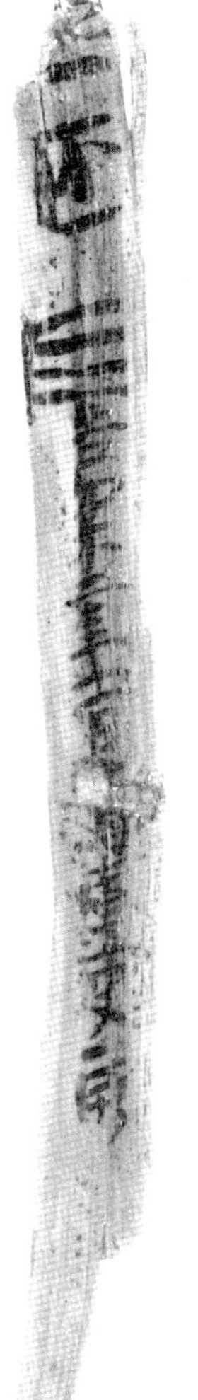

五六九九

五七〇〇

五七〇一

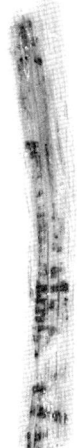

五七〇二　五七〇八

五七〇三　五七〇五

五七〇四　五七〇六　五七〇九

五七一〇　五七一二

五七一一　五七一五

五七〇七　五七一三　五七一四

五七一六　五七一八

五七一七　五七一九

五七二〇 五七二一 五七二二
五七二三 五七二四 五七二五
五七二六 五七二八 五七三〇
五七二七 五七二九 五七三三
五七三一
五七三二
五七三四
五七三五

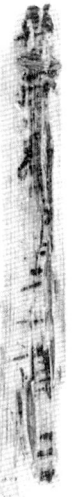

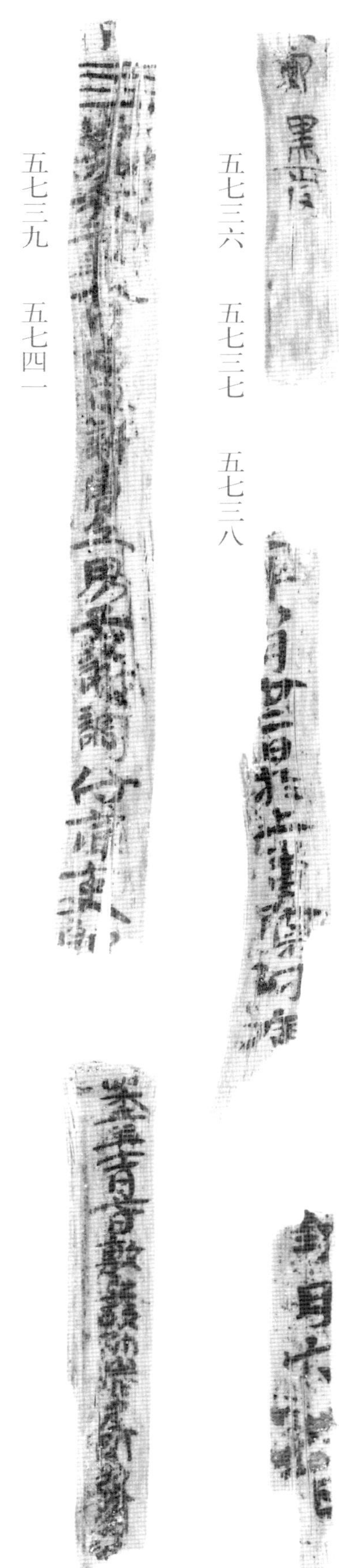

五七三六　五七三七　五七三八

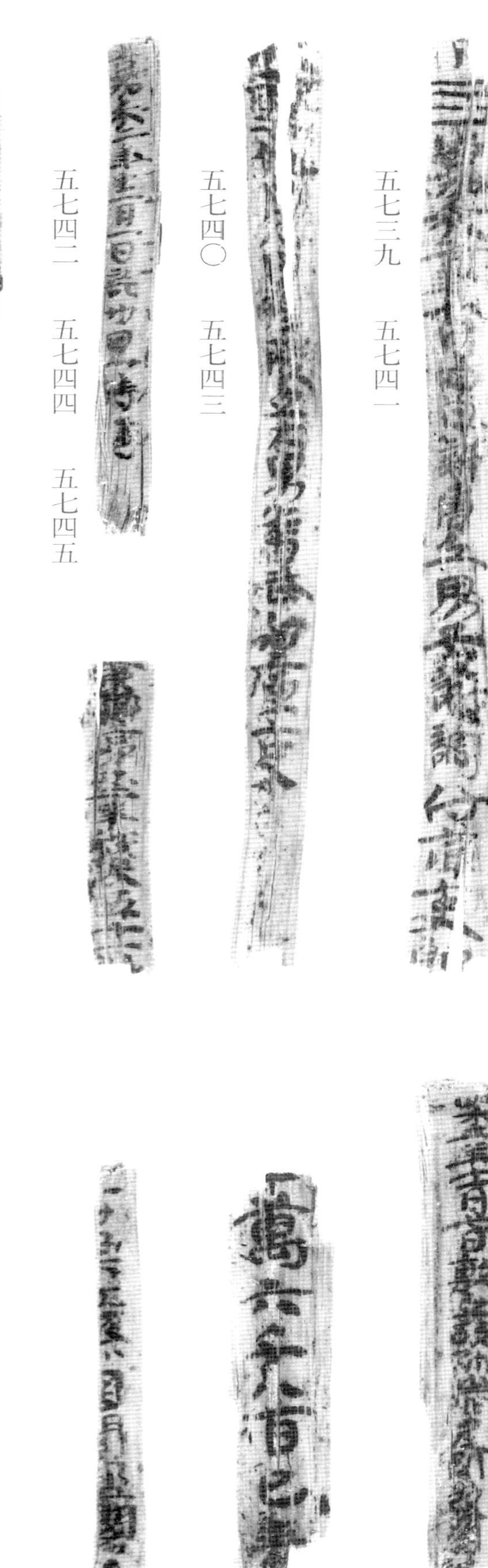

五七三九　五七四一

五七四〇　五七四三

五七四二　五七四四　五七四五

五七四六正　五七四七

五七四六背　五七五〇

五七四八　五七四九　五七五一

五七五二　五七五三

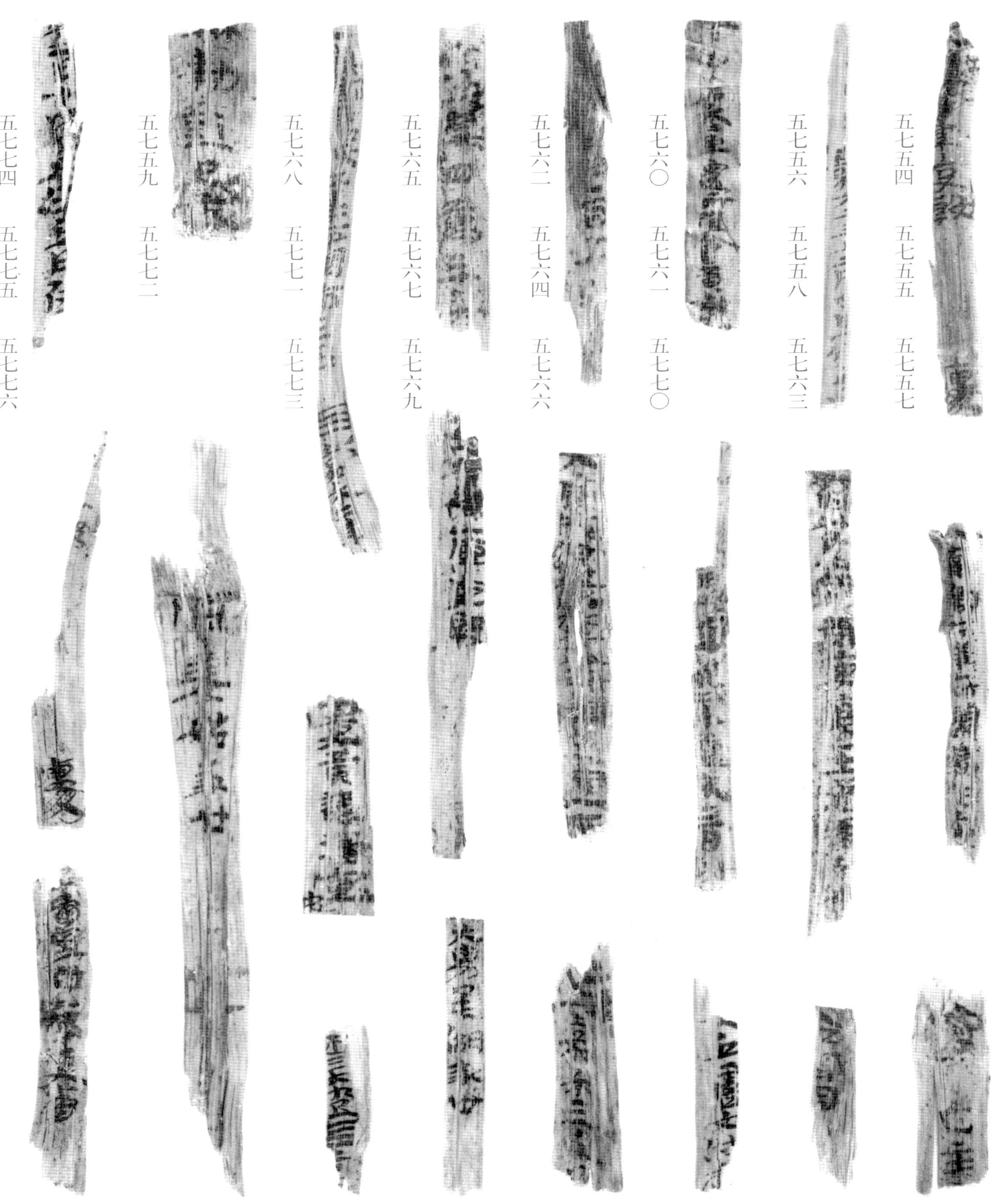

五七五四 五七五五 五七五七
五七五六 五七五八 五七六三
五七六〇 五七六一 五七七〇
五七六二 五七六四 五七六六
五七六五 五七六七 五七六九
五七六八 五七七一 五七七三
五七五九 五七七二
五七七四 五七七五 五七七六